KB179285

나는 엔화로
미국 시장에
투자한다

일본에 상장된 미국 주식, 국채, 회사채 ETF, 일본 주식 투자법

나는 엔화로 미국 시장에 투자한다

부자소시민 지음

이레미디어

일본 시장에 숨어 있는 투자 기회와
다가오는 '일학 개미'의 시대

'가깝고도 먼 나라 일본.' 일본 하면 가장 먼저 떠오르는 말이 아닐까 싶습니다. 우리나라는 일본과 지리적으로 가깝다 보니 역사적으로 늘 라이벌 관계였습니다. 그러다 보니 서로 간의 교류가 크게 늘어난 오늘날에도 이런 부정적인 일본의 이미지는 쉬이 사라지지 않는 것 같습니다. 이미 산업과 수출입 등 수많은 경제적인 영역에서 떼려야 뗄 수가 없는 밀접한 관계를 맺고 있음에도 말이죠.

일본은 한때 세계 최강인 미국 경제의 지위를 위협할 정도로 빠르게 성장했고, 현재도 GDP 기준 세계 3위의 경제 대국입니다. 우리나라도 세계경제 규모 12~13위권을 오갈 정도로 성장했지만, 그럼에도 여전히 일본 GDP의 반도 따라가지 못하는 실정입니다. 역사적으로는 우리나라와 일본이 라이벌일지 몰라도, 적어도 경제적인 측면에 있어서는 라이벌이라고 부르기 무색할 정도로 큰 차이가 나는 것이 현실입니다.

문제는 투자의 영역에 있어서도 일본은 여전히 가깝고도 먼 나라라는 것입니다. 한국 시장에 투자하는 동학 개미, 미국 시장에 투자하는 서학 개미, 중국 시장에 투자하는 중학 개미라는 단어를 들어보셨을 겁니다. 반면 일본 시장에 투자하는 '일학 개미'라는 단어는 아직까진 대중에게 다소 생소합니다.

국내 투자자들의 해외투자가 활성화되다 보니 최근에는 인도, 브라질, 인도네시아, 베트남 등의 신흥국에 대한 투자도 점점 증가하고 있습니다. 하지만 이런 상황에서도 세계 3위의 경제 대국이자 지리적으로도 우리나라와 가까운 일본 시장 투자에 대한 방법론은 특별히 논의되고 있지 않은 듯합니다. 엔화와 일본 시장을 활용한 투자 방법을 알아보기 위해 여러 서점을 뒤져 보았지만 제가 원하는 자료들은 전혀 찾아볼 수 없었으니 말입니다.

최근 일본 시장에 상장된 2621 iShares 20+ Year US Treasury Bond JPY Hedged ETF_{미국 국채 20년물} 같은 상품이 해외시장 순매수 상위권에 오르면서, 유튜브와 블로그 등에서 엔화와 일본 시장에 대한 재조명이 조금씩 이루어지고는 있습니다. 그러나 그러한 소수의 콘텐츠조차 여전히 일본 투자의 여러 측면 중 일부에만 집중하는 경향이 강해서 조금 아쉽게 느껴졌습니다. 엔화를 활용한 일본 시장 투자 전반에 대한 일목요연한 자료 대신 파편화된 정보만 존재하는 것이 참으로 안타까웠습니다.

저는 투자로 대단한 성과를 이루어 본 적이 없는 사람입니다. 그저 수많은 투자 꿈나무 중 한 명일 뿐이지요. 즉 투자와 관련해서 누구를 가르치거나 조언할 수 있는 위치에 있지 않습니다. 그래서 일본 시장의 미국 주식 ETF, 미국 채권 ETF 그리고 일본 주식 ETF를 한 권에 담는 것이 주제넘은 일이 아닌가 하는 생각도 들었습니다. 하지만 또 한편으로는 이 책을 통해 일본 시장에 대한 아무런 정보가 없어서 막막함을 느끼고 있을 많은 투자자에게 조금이나마 도움을 드릴 수 있지 않을까란 생각에 용기를 냈습니다. 제가 시행착오를 거치며 공부한 바를 독자분들께 아낌없이 전달하고자 최대한 고심해서 내용을 구성해 보았습니다.

이 책에는 엔화로 시도해 볼 수 있는 여러 투자 방법이 담겨 있습니다. 그리고 구체적인 방법론을 말씀드리기에 앞서, 각 투자 방법의 의미와 효용에 대해 충실히 설명해 드리고 싶었습니다. 그래야만 엔화를 활용한 미국 주식 ETF, 미국 채권 ETF, 일본 주식 ETF에 대해 정확히 이해할 수 있고, 그 필요성도 여실히 느낄 수 있으리라 생각했기 때문입니다. 개인적으로 처음 투자에 대해 공부할 때 가장 큰 어려움은 난해한 용어, 수식, 그래프였습니다. 무엇이든 지나치면 오히려 그 본질을 흐리는 경우가 많다고 생각합니다. 그래서 최대한 난해한 개념이나 불필요한 수식 등을 자제하여 투자 초심자라도 쉽게 이해할 수 있게끔 책을 구성했습니다. 한 글자 한 글자에 꾹꾹 눌러 담은 제 진심이 부디 독자 여러분에게도 온전히 전달될 수 있기를 바랍니다.

차례

PART I 당신이 엔화에 관심을 가져야 하는 이유

통화에도 가격이 있다?

준기축통화인 엔화에 주목하는 이유

원화 자산에 편중된 한국인에겐 자산 배분이 필요하다

가장 저렴하게 엔화를 사는 방법

엔화로 무엇을 살 수 있을까?

PART
II

엔화로 살 수 있는
미국 주식

미국의 3대 대표 지수 ETF

다양한 섹터에 투자하는 ETF

안정적인 현금 흐름을 만들어 주는 배당 ETF

엔화로 살 수 있는
미국 채권

PART
III

PART IV

일본 시장 투자,
이것만은 알고 하자!

당신이 엔화에
관심을 가져야
하는 이유

통화에 붙어 있는 가격표: 환율

우리가 일상생활에서 접하는 재화들에는 저마다의 가격이 정해져 있습니다. 우리가 마트에서 사는 식재료에도 가격표가 붙어 있고, 가족과 휴식을 취하는 집에도 시장에서 결정된 시세라는 것이 정해져 있습니다. 현대인의 필수품인 스마트폰도 기종별로 각기 다른 가격이 매겨져 있죠.

그런데 우리가 쓰는 통화에도 가격이 있다는 사실, 알고 계셨나요? 각국의 통화에도 저마다 다른 가격이 매겨져 있습니다. 통화에 붙은 가격표, 우리는 그것을 '환율Exchange Rate'이라고 부릅니다.

다만 이 환율이라는 가격표는 일반 재화와는 조금 다른 점이 있습니다. 일반 재화에는 저마다의 절대적인 고유 가격표가 붙어 있습니다. 판매자가 재화의 수요와 공급을 고려해, 시장에서 팔릴 만한 적당한 가격을 매긴 것이죠. 따라서 물가 상승으로 인한 가격 인상이나 판매 촉진을 위한 할인 행사 같은 이벤트만 없다면, 사실상 절대적인 가격이라고 할 수 있죠.

반면 환율은 다른 통화와의 상대 가치에 의해 결정됩니다. 일례로 우리나라 1,000원과 미국 1,000달러, 일본 1,000엔의 가치를 같다고 하진 않죠? 통화를 발행하는 각국의 국력·경제력은 다를 수밖에 없습니다. 이에 따른 통화별 시장 수요 차이가 발생하고, 저마다의 상대 가치가 반영된 환율이 결정되는 것이죠.

한국에서 환영받는 5만 원권, 외국에서도 그럴까?

투자하지 않는 일반인은 이러한 환율의 변동을 느낄 일이 거의 없습니다. 해외여행을 가거나 해외에 있는 가족에게 송금을 하거나 해외에서 일하는 게 아니라면 말이죠.

국제 외환시장에서 원화의 가치는 실시간으로 변하지만 우리는 그러한 변동을 느끼기 어렵습니다. 그 이유는 무엇일까요? 그건 바로 우리가 대부분의 경제생활을 원화로 해결하는, 원화 기반의 경제 생활권에서 살고 있기 때문입니다.

우리나라에서는 원화만 있다면 식당에서 맛있는 음식을 사 먹을 수 있고, 멋진 경치를 자랑하는 호텔에서 숙박할 수도 있습니다. 이외에도 돈으로 거래가 가능한 거의 모든 재화를 마음껏 소비할 수 있습니다. 하지만 외국은 다르죠. 해외의 맛있는 길거리 음식을 1만 원어치 사 먹었다고 가정해 봅시다. 그 맛과 퀄리티에 너무나도 감동한 나머지 상인에게 신사임당이 그려진 5만 원권을 내밀었습니다. 훌륭한 음식을 제공해 준 데 대한 보답으로 팁을 포함해 원래 가격의 5배를 드리겠다면서 말이죠. 이에 상인은 어떤 반응을 보일까요? 아마 장난하느냐는 표정으로 얼른 환전을 해 오라고 당신을 다그칠 겁니다. 원래 내야 할 돈의 5배에 해당한다는 당신의 설명에는 관심도 없을 가능성이 높습니다. 현지 경찰에 무전취식 죄로 신고나 당하지 않으면 다행인 상황인 거죠. 한마디로 원화 경제 생활권에서 벗어나는 순간 원화는 그저 숫자와 그림이 그려진 종잇조각에 불과한 겁니다.

위기에 강한, 전 세계에서 사랑받는 기축통화: 미국 달러

만약 앞선 상황에서 5만 원권이 아닌 미국 달러를 내민다면 어떨까요? 자국 통화의 가치가 탄탄한 선진국이라면 환전하기 귀찮으니까 현지 통화로 환전해 오라고 요청할지도 모릅니다. 이때 적어도 정신 나간 사람 취급은 받지 않을 것입니다. 거기다 자국 통화의 가치가 불안정한 국가일수록 미국 달러는 현지인들에게 환영을 받는 통화입니다. 오히려 자국 통화보다도 신뢰도가 높은 통화인 것이죠.

그림 1-1. 통화가치가 끝없이 하락하는 아르헨티나 페소. 돈의 가치가 실시간으로 파쇄된다고 해도 무리가 아닐 듯합니다. 그야말로 참혹한 수준의 우하향 그래프군요

출처: 인베스팅닷컴

ARS/USD - 아르헨티나 페소 미국 달러 ➡ **0.00286** 0.00000 (0.00%)

전일 종가	0.00286	매수	0.00286	금일 변동	0.00286 - 0.00286	
금일 시가	0.00286	매도	0.00286	52주 변동폭	0.00286 - 0.0066	
1년 변동률	-56.78%					

그림 1-2. 원고를 작성하고 있는 2023년 10월 8일 기준, 아르헨티나 중앙은행 기준 금리는 118% 입니다. 눈물겨운 기준 금리 인상에도 통화가치 방어는 여전히 요원해 보이네요

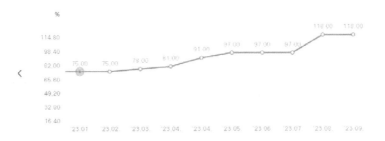

일례로 경제 위기로 인해 자국 통화의 가치가 끝없이 하락하는 아르헨티나에서는 이런 농담이 유행하고 있습니다. 도둑에게 아르헨티나 페소 뭉치를 주면 화를 낸다는 거죠. 사실상 쓰레기나 다름없는데 들고 가기도 무거운 그런 걸 왜 주냐는 겁니다.

〈그림 1-1〉, 〈그림 1-2〉에서 알 수 있듯이 아르헨티나 페소의 가치는 수년 동안 급격한 우하향만을 거듭하고 있습니다. 하룻밤 사이에도 환율 변동이 극심하다 보니 현지 가게들은 메뉴판의 가격을 언제든지 수정할 수 있는 형태로 운영 중입니다.

아이러니하게도 이로 인해 최근 아르헨티나는 외국여행객들에게 각광을 받고 있다고 합니다. 외국여행객의 입장에서는 모든 걸 저렴하게 누릴 수 있는, 천국과도 같은 상황이 펼쳐진 것이죠. 하지만 이러한 상황이 지속되면 현지인들에겐 하루하루가 지옥 같은 나날일 수밖에 없습니다. 그래서 아르헨티나인들은 자국 통화보다 미국 달러를 더 신뢰하고, 현지 부자들 또한 서로 앞다투어 해외로 탈주하고 있습니다. 한마디로 아르헨티나 페소로 벌어들이는 소득으론 생활물가상승률을 도저히 따라잡을 수 없는 상황인 것입니다. 물가가 급격히 오르는 초인플레이션Hyper Inflation에 빠져 버린 것이죠.

경제 상황과 환율 변동의 이상을 감지하고 일찍이 미국 달러를 쌓아 두었다면 조금은 나은 상황일 겁니다. 하지만 대부분의 우리나라 사람이 환율 변동에 둔감하듯이, 대부분의 아르헨티나 국민들 또한 미리 대비하기란 쉽지 않았을 것입니다.

아르헨티나에서만 일어나는 특이한 일일까요? 아닙니다. 튀르키

예·브라질·베네수엘라도 이미 초인플레이션을 겪었습니다. 이들 국가에서도 하나같이 자국 통화의 가치가 휴지 조각이 되며 환율이 요동치는 일이 발생했습니다. 지금의 아르헨티나처럼 미국 달러 품귀 현상이 일어났던 것이죠. 안타깝지만 외국에 나가면 사실상 쓰레기나 다름없는, 우리나라의 원화와는 차원이 다르지 않은가요? 사실상 기축통화Key Currency[1]만이 가진 특별함이 아닐까 싶습니다.

---

1) 국제 간의 결제나 금융거래의 기본이 되는 통화를 일컫습니다. 대표적으로 미국 달러가 이에 속합니다.

신흥국 투자가 위험한 이유: 환율

앞서 소개한 아르헨티나 환율만큼 극단적이진 않지만 대부분 신흥국의 환율은 매우 불안정합니다. 대표적인 신흥국으로 꼽히는 인도, 베트남, 브라질, 인도네시아 등도 마찬가지죠. 엄청난 경제성장률 덕분에 이들 국가의 주가는 우상향해 왔습니다.

문제는 환율입니다. 원화나 미국 달러를 통해 신흥국에 투자하다 보면 막대한 환차손에 직면하게 됩니다. 주가가 크게 올랐는데도 정작 투자자는 유의미한 수익을 보지 못할 가능성이 높은 것입니다. 더 큰 문제는 신흥국 관련 ETF들 중엔 환헤지된 상품을 찾기가 매우 힘들다는 점입니다. 간혹 신흥국에 투자하는 레버리지 ETF의 경우 환헤지된 경우가 있긴 하지만, 그렇지 않아도 극심한 주가 변동성을 자랑하는 신흥국 투자에 레버리지는 전혀 적합해 보이지 않습니다. 따라서 신흥국에 투자할 때는 먼저 환율에 따른 유불리를 잘 판단해 봐야만 합니다.

기축통화에 준하는 가치를 지닌 통화:
준기축통화

국경을 넘나들어도 그 가치가 유지되고, 위기에 더 큰 빛을 발하는 기축통화의 특성을 충분히 이해했으리라 생각합니다. 이렇듯 미국 달러는 글로벌 기축통화답게 전 세계인들의 사랑을 듬뿍 받고 있습니다. 심지어 미국을 적으로 규정하는 북한이나 국제 테러 조직조차도 가장 선호하는 통화가 달러입니다. 그런데 이렇게 자타가 공인하는 미국 달러를 두고서 저는 왜 굳이 엔화에 주목하자고 하는 것일까요?

그 이유를 이해하기 위해서는 '준기축통화'의 개념을 먼저 알아야 합니다. 준기축통화는 말 그대로 기축통화에 준한다는 뜻입니다. 우선 기축통화에 관해 설명해 드리는 것이 좋겠군요.

간단히 말해서 기축통화란 국제 간의 결제나 금융거래의 기본이 되는 통화를 일컫습니다. 그런데 이러한 단어의 개념 정의와는 달리, 이 기축통화가 어떤 통화인지에 대한 명확한 정의는 의외로 그 어디에도 없습니다. 그저 통상적으로 당대 국제 거래에서 가장 많이 쓰이는 통화라고 여겨지고 있습니다.

역사적으로 전 세계를 연결하는 최초의 기축통화는 영국의 파운드였습니다. '해가 지지 않는 나라'라는 명성 아래 전 세계에서 그 영향력을 행사하던 초강대국이었기 때문이죠. 그 이전의 스페인 달러를 이야기하는 사람들도 있습니다만 해당 통화가 전 세계에서 쓰였다고 보기에는 다소 어려운 측면이 있습니다.

영국의 파운드가 쥐고 있던 기축통화의 지위는 제1, 2차 세계대전을 거치면서 미국 달러로 넘어가게 됩니다. 세계를 제패하는 패권 국가가 바뀌면서 기축통화의 질서 역시 자연스럽게 변화한 것이죠.

『헤게모니 이후』라는 책으로 유명한 로버트 오언 코헤인Robert Owen Keohane 프린스턴 대학 명예교수는 패권 국가를 이렇게 정의했습니다.

"패권 국가Hegemon란 자원에 대한 통제력, 자본의 요소에 대한 통제력, 시장의 통제, 고부가가치의 상품 생산에 관한 경쟁 우위를 모두 갖춘 나라다."

이 기준에 따른다면 미국 이외에도 몇몇 나라가 머릿속에 떠오르지 않나요? 미국만큼은 아니지만 상당 부분을 충족하는 곳들이 있죠. 바로 유럽연합(EU)과 일본입니다. 그래서 혹자는 세계 3대 통화로 미국 달러, 유로화, 엔화를 꼽기도 합니다. 즉 유로화, 엔화도 미국 달러에 비해선 그 국제적 위상이 다소 떨어지지만 전 세계적으로는 여전히 선호되는 통화라는 거죠. 그래서 이들 통화를 '준기축통화'라고도 부르는 것입니다.

구분	통화명	통화 코드	표시 기호	일일 거래량 비율	
				2019년 4월	2022년 4월
1	미국 달러	USD	US$	88.3%	88.5%
2	유로화	EUR	€	32.3%	30.5%
3	일본 엔	JPY	¥ / 円	16.8%	16.7%
4	영국 파운드 스털링	GBP	£	12.8%	12.9%
5	중국 위안화	CNY	¥ / 元	4.3%	7.0%
6	호주 달러	AUD	A$	6.8%	6.4%
7	캐나다 달러	CAD	C$	5.0%	6.2%
8	스위스 프랑	CHF	CHF	4.9%	5.2%
9	홍콩 달러	HKD	HK$	3.5%	2.6%
10	싱가포르 달러	SGD	S$	1.8%	2.4%
11	스웨덴 크로나	SEK	kr	2.0%	2.2%
12	대한민국 원	KRW	₩ / 원	2.0%	1.9%
13	노르웨이 크로네	NOK	kr	1.8%	1.7%
14	뉴질랜드 달러	NZD	NZ$	2.1%	1.7%
15	인도 루피	INR	₹	1.7%	1.6%
16	기타	−		13.9%	12.5%
합계 (각 거래에는 두 나라의 통화가 포함되므로, 모든 통화의 총백분율은 100%가 아니라 200%)				200%	200%

가장 좋지만 비싼 것 vs. 덜 좋지만 너무 싼 것

준기축통화라는 것은 무의미한 개념일 뿐이라며 평가 절하하는 사람도 많습니다. 가장 좋은 미국 달러가 있는데 나머지 통화들이 무슨 의미가 있느냐는 것이죠. 국제 거래의 효율성이라는 측면에서 볼 때는 지극히 일리 있는 말입니다. 통화가 여러 개 있는 것보다는 미국 달러 하나로 통일하는 것이 여러모로 효율적일 수밖에 없거든요.

하지만 수익률을 추구하는 투자자라면 이러한 주장에 의문을 가질 필요가 있다고 봅니다. 물론 모든 투자자는 가장 좋은 우량 자산을 싸게 사길 희망합니다. 그게 가장 바람직하다는 것은 저 또한 격하게 공감합니다. 하지만 조금 덜 좋더라도, 많이 싸게 살 수 있는 자산이 있다면, 투자자는 어떻게 판단해야 할까요?

그림 1-3. 일본 엔/원 환율 변화 추이
출처: 인베스팅닷컴

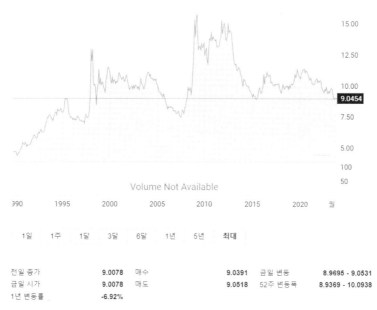

| JPY/KRW - 일본 엔 원 ▲ 9.0454 +0.0376 (+0.42%) |

전일 종가	9.0078	매수		9.0391	금일 변동	8.9695 - 9.0531	
금일 시가	9.0078	매도		9.0518	52주 변동폭	8.9369 - 10.0938	
1년 변동률	-6.92%						

사람들마다 가치판단이 다를 수 있겠지만, 저는 그런 기회가 있다면 반드시 잡아야 한다고 생각합니다. 이런 관점에서 볼 때 여러 준기축통화 중 현재 엔/원 환율은 아주 매력적입니다. 최근 엔화는 100엔당 800~900원대를 오가며 역대급 저점을 형성하고 있습니다.

2009년 무렵에 1,500원을 훌쩍 넘었다는 걸 생각하면 지금이 얼마나 매력적인 가격대인지를 느낄 수 있을 겁니다. 비교적 최근인 2020년 초, COVID-19 팬데믹으로 인해 전 세계시장이 급락하던 때에도 엔화 환율은 1,130원대까지 상승했습니다. 투자의 시계열을 최근 20년으로 넓혀 보아도 엔화 환율이 1,000원 이하에서 머물던 때가 그리 많지 않습니다. 그런데 지금은 심지어 1,000원도 아니고 800~900원대를 오가고 있는 것입니다. 그야말로 가격 메리트가 극대화된 지점입니다. 그렇기 때문에 비록 미국 달러에 비해 덜 우량하다고 할지라도 엔화에 충분히 관심을 가져 볼 만한 때인 것입니다.

엔화 환율이 끝없이 하락할 수도 있지 않나요?

1990년대 초반처럼 엔화 환율이 500원대까지 하락해 버리면 어떻게 하느냐고 걱정하는 분도 있으리라 생각합니다. 하지만 1990년대 초반은 정점에 달했던 일본의 버블 경제의 거품이 플라자 합의Plaza Accord[2) 이후 본격적으로 꺼지고 있던, 다소 특수한 시기였습니다.

거기다 각국 중앙은행의 제1 목표가 물가 안정이라는 점 또한 고려해야 합니다. 우리나라 한국은행 본관에 가 보면, 로비에 커다란 현판으로 붙어 있는 '물가 안정'이라는 네 글자를 볼 수 있습니다. 이러한 제1 목표는 미국의 중앙은행 역할을 하는 연준(연방준비제도)과 일본 은행도 마찬가지입니다. 물가와 환율은 큰 영향을 주고받습니다. 각국의 중앙은행이 환율 방어에 진심일 수밖에 없는 이유죠.

각국 중앙은행들이 물가 안정이라는 목표를 달성하기 위해서는 환율을 일정 구간에서 유지시키는 것이 그 무엇보다 중요합니다. 환율은 수출입과 관련된 수많은 경제 주체에게 직간접적인 영향을 주기 때문에 경제 전반에도 큰 영향을 미칩니다. 물가와 자국 통화의 가치를 안정적으로 유지하길 원하는 중앙은행의 입장에서 환율의 급격한 변동은 그야말로 아주 끔찍한 일이니까요. 역으로 말하면 환율이 특정 구간을 벗어날 경우 예기치 못한 여러 문제가 발생할 위험이 있습니다. 즉 앞서 말씀드렸던 아르헨티나의 사례와 같은 통제 불능 상황이 펼쳐질 리스크가 높아지는 것이죠. 20년이 넘도록 특정 환율 구간대에 적응되어 있는 경제 체질을 급격히 변화시킨다는 것은 사실상 어렵습니다.

이러한 이유들 때문에 환율은 끝없이 우상향 또는 우하향하지 않고, 특정 구간에서 오르내리길 반복하는 특성을 지녔습니다. 환율

---

2) 1985년에 미국의 뉴욕 플라자 호텔에 모인 미국·영국·독일·프랑스·일본(G5)의 재무장관이 미국의 무역수지 개선을 위해 외환시장에 개입하기로 합의한 회의입니다. 그 결과 엔화의 가치가 인위적으로 높게 조정되었습니다. 이 합의는 일본의 수출 경쟁력을 약화시켜 잃어버린 30년의 원인을 제공했다는 평가를 받습니다.

이 다양한 경제 주체에 얼마나 큰 영향을 주는지를 잘 알기 때문에, 외환당국은 환율 안정에 항상 진심일 수밖에 없는 것이죠. 그래서 우리나라만 해도 막대한 금액의 외국환평형기금을 통해 외환시장 안정에 만전을 기하고 있습니다.

더군다나 엔화는 글로벌 시장에서 원화에 비해 훨씬 우량한 자산입니다. 엔화는 전 세계적으로 널리 사용되는 데다, 위기가 발생할 경우 그 가치가 오히려 급등하기까지 하는 안전 자산입니다. 큰 위기가 닥칠 때 가치가 급락하는 원화와는 그 격을 달리하는 자산인 것이죠. 따라서 지금은 일시적으로 저평가받고 있지만, 결국에는 그 가치가 평균 회귀할 가능성이 높습니다. 그러므로 투자의 시계열만 길게 잡을 수 있다면 하방은 제한적이고 그마저도 일시적일 가능성이 높습니다. 그에 반해 상방은 상대적으로 크게 열려 있는 구조인 것입니다. 900원을 기준으로 여러 경우의 수를 계산해 보면 다음과 같습니다.

엔화 환율 변동 시 예상 수익률
① 900원 → 800원=-11.11% (추가적인 환율 하락 가정)
② 900원 → 1,000원=+11.11% (최근 20년 환율 수준 가정)
③ 900원 → 1,130원=+25.55% (2020년 초 환율 수준 가정)
④ 900원 → 1,500원=+66.66% (2009년 초 환율 수준 가정)

원화 자산에 편중된 한국인에겐 자산 배분이 필요하다

심각한 자국 편향 투자에 빠져 있는 대한민국

해외에서 일하는 경우가 아닌 이상 우리나라 사람들은 대한민국에서 일상생활을 영위하고 있습니다. 그러다 보니 원화로 벌어들인 소득으로, 원화 표시 자산을 집중적으로 취득하는 경우가 많습니다. 특히 우리나라는 부동산 공화국이라고 불릴 정도로 부동산에 대한 사랑이 남다른 국가이기도 하죠.

표 1-2. 2022 주요국 가계 금융자산 비교(2021년 말 기준)
출처: 금융투자협회, NH투자증권 리서치본부

(단위: %)

가계 자산		한국	미국	일본	영국	호주
금융자산	현금·예금	15.5	9.4	34.5	14.6	8.4
	금융투자상품	9.0	41.5	9.4	8.4	7.1
	(주식)	7.4	28.7	6.0	6.0	6.7
	(채권)	0.8	1.6	0.9	0.1	0
	(펀드)	0.8	11.1	2.5	2.3	0.3
	보험·연금	10.8	20.4	17.4	28.6	22.6
	기타	0.3	0.1	1.8	2.3	0.8
비금융자산		64.4	28.5	37	46.2	61.2

이러한 특징은 통계로도 여실히 증명됩니다. 2021년 말 기준으로, 우리나라 가계 자산 중 64.4%가 부동산 자산인 것으로 나타났습니다. 해외 부동산 투자에 나서는 경우는 여전히 극소수입니다. 사실상 부동산이라는 원화 표시 자산에 크게 편중되어 있는 모습입니다. 뒤이어 현금·예금 15.5%, 보험·연금 10.8%순입니다. 주식·채권·펀드 같은 금융 투자 상품의 비중은 합쳐 봐야 9%에 불과한 실정입니다. 금융 투자 상품이 41.5%·부동산 자산이 28.5%인 미국과 너무나도 확연한 차이입니다.

그나마 현실적으로 외화 자산을 취득할 수 있는 통로는 금융 투자 상품이라고 할 수 있습니다. 하지만 이마저도 상당 부분이 국내 주식·채권에만 들어가 있는 실정입니다. 우리나라는 코스피와 코스닥의 전체 시가총액을 더해도 애플의 시가총액 하나를 못 이기는 작디작은 시장인데도 말입니다. 친숙함으로 인한 자국 편향적인 투자가 어느 나라에나 있기 마련이지만, 우리나라의 원화 자산 사랑은 특히나 심한 편인 듯합니다.

개인 투자자에게도 자산 배분이 필요한 이유

만약 우리가 살아가는 동안 경제 위기가 아예 없고, 우리나라 경제가 지속적인 성장만을 거듭한다고 가정해 봅시다. 이런 경우 개인 투자자가 군이 머리 아프게 외환 환율에 관심을 가질 필요가 있을까요? 저는 그럴 필요가 딱히 없다고 생각합니다. 외환 환율 같은 문제는 한국은행이나 수출입 기업 같은 몇몇 특수업종 종사자들만 신경 쓰면 되는 영역일 겁니다. 지금까지 그래 왔던 것처럼 부동산 같은 국내의 원화 자산에만 공격적으로 투자해도 충분히 부를 늘릴 수 있을 테니까요.

그림 1-4. 우리나라 국가 채무 비율 및 추이
출처: 통계청, 기획재정부

그런데 말입니다. 우리나라의 미래가 과연 밝기만 할까요? 다행히도 우리나라는 반도체·2차 전지와 같은 세계 최첨단 산업에서 뛰어난 역량을 보여 주고 있습니다. 하지만 절망적인 수준의 출산율과 오랫동안 누적되어 온 과도한 부채와 같은 리스크도 존재합니다. 이러한 문제들이 우리나라의 발목을 잡을 가능성 또한 마냥 무시하긴 어려운 상황인 것입니다.

거기다 전 세계적인 위기 또한 매번 조금씩 다른 모습으로 우리를 찾아옵니다. 위기가 정확히 언제 찾아올지는 그 누구도 모르지

만, 언젠가는 올 수밖에 없다고 봅니다. 최근 30년만 살펴보아도 우리
나라를 휘청이게 했던 위기는 여럿 있었습니다. 큼직큼직한 것만 보
더라도 1997년 IMF 외환 위기, 2000년 닷컴 버블 붕괴, 2008년 세계
금융 위기, 2020년 COVID-19발 주가 폭락까지, 정말이지 큰 위기들
이 반복적으로 발생했습니다. 이런 상황에서 앞으로는 각국의 중앙
은행이 돈을 더 풀어서 다 막아 줄 것이기 때문에, 과거와 같은 대규
모 위기는 더 이상 없을 것이라고 낙관하는 것이 과연 합리적인 판단
일까요?

그림 1-5. 미국 달러/원 환율 변화 추이
출처: 인베스팅닷컴

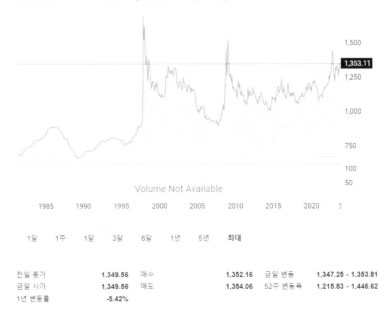

USD/KRW - 미국 달러 원 ⬆ **1,353.11** **+3.55 (+0.26%)**

전일 종가	1,349.56	매수	1,352.16	금일 변동	1,347.25 - 1,353.81
금일 시가	1,349.56	매도	1,354.06	52주 변동폭	1,215.83 - 1,446.62
1년 변동률	-5.42%				

더군다나 미국 달러/원 환율이 1,300원 이상으로 한 달 이상 유지된 적은 1997년 IMF 외환 위기, 2000년 닷컴 버블 붕괴, 2008년 세계 금융 위기 그리고 2022~2023년밖에 없습니다. 과거에 그랬으니 이번에도 반드시 그럴 것이라는 뜻은 아닙니다만, 분명 충분한 주의와 대비가 필요한 때로 보입니다. 그렇다고 개인이 기관들처럼 세밀하고 복잡하게 자산 배분을 할 필요까지는 없어 보입니다. 기관들이 항공모함이라면 개인은 가볍고 날쌘 쾌속선과 같은 특성을 가졌으니까요. 그럼에도 불시에 닥쳐올 위기를 대비해 주식·채권·외환 같은 금융자산을 적절히 배분해 놓는 것이 좋습니다.

엔화 자산 배분을 통한 승률 높은 투자하기

외환 부분은 미국 달러로 하는 것이 가장 이상적입니다. 그러나 현재 1,300원 내외로 움직이는 미국 달러 환율은 너무 비싸다고 생각합니다. 최근 20여 년의 환율 추이를 보면, 미국 달러 환율의 평균치는 1,100원대 중후반이었기 때문이죠.

물론 과거의 환율 구간에서 크게 벗어나는 뉴 노멀New Normal[3]의 시작일 가능성도 완전히 배제할 수는 없습니다. 앞으로의 미국 달러

---

3) 시대 변화에 따라 새롭게 부상하는 기준을 뜻합니다.

환율은 평균적으로 1,300원 이상에서 머물 것이라고 보는 관점 또한 분명 존재합니다. 그럼에도 일정 구간에서 오르내리며 평균으로 회귀하는 환율의 속성을 고려할 때, 지금은 미국 달러보다는 엔화에 관심을 갖는 것이 좀 더 승률 높은 투자 방법이라고 봅니다. 원래 투자의 세계에선 100%라는 것은 좀처럼 찾아보기 힘듭니다. 100%의 확률로 투자 수익을 보장하는 사람은 사기꾼일 가능성이 높습니다. 보다 승률이 높은 선택들을 반복하다 보면 꽤 괜찮은 수익률이 계좌에 차곡차곡 쌓여 가는 게 투자의 본질이 아닐까 생각합니다. 그리고 지금 같은 시기에는 엔화를 활용한 자산 배분이 그러한 투자의 본질에 부합하는 전략이 될 수도 있음을 말씀드리는 거죠.

환전의 기초 개념과 환전 수수료

우선 환전의 기초 개념부터 정리해 보도록 합시다. 환전이란 종류가 다른 두 화폐를 일정 비율에 따라 교환하는 것을 말합니다. 여기서 말하는 일정 비율이란 게 앞서 설명해 드렸던 환율이란 것이고요.

주로 은행이나 증권사에서 제공하는 환전에는 환전 수수료가 붙습니다. 이 환전 수수료는 스프레드라고 불리기도 합니다. 따라서 외환을 살 때는 매매 기준율에 수수료가 더해진 가격에 매수를 하게 되고, 외환을 팔 때는 매매 기준율에 수수료만큼이 차감된 가격에 매도하게 되는 것입니다. 이때 기준환율이라고도 불리는 매매 기준율은 '(매수 환율+매도 환율)/2'라는 공식에 따라서 산출됩니다.

환전 수수료 계산 예시(엔화 환율 100엔당 1,000원 가정)
① 90% 우대를 해 주는 은행에서 100엔을 매매하는 경우
 – 환전 수수료: 1,000원×1.75%×(100%−90%)=1.75원

---

② 95% 우대를 해 주는 증권사에서 100엔을 매매하는 경우
　－ 환전 수수료: 1,000원×1.00%×(100%−95%)=0.5원

　통상적으로 은행의 환전 수수료는 1.75% 수준이고, 증권사는 1% 수준입니다. 여기에 환전우대율이라는 것이 더해지면, 우리가 실제로 환전할 때 내는 최종 수수료가 확정되는 구조입니다. 위의 예시를 참고하면 환전 수수료 계산법에 대해 보다 쉽게 이해할 수 있을 겁니다. 참고로 앞서의 예시는 환전 수수료를 소개해 드리기 위해 개념을 최대한 단순화한 것입니다. 실제로 적용되는 환전 수수료는 회사별로 상이할 수 있습니다.

핵심 정리
- **매매 기준율(기준환율)**
  (매수 환율+매도 환율)/2[은행·증권사별 고시 매매 기준 환율 적용]
- **기본 환전 수수료(스프레드)**
  통상적으로 은행은 1.75%, 증권사는 1% 수준
- **최종 환전 수수료**
  매매 기준율(기준환율)×환전 수수료(스프레드)× (100%−환전우대율)

은행과 증권사의 환전 수수료가 다른 이유: 현찰, 전신환

은행과 증권사 간의 환전 수수료 차이는 왜 발생하는 것일까요? 엔화를 좀 더 저렴하게 사기 위해서는 현찰과 전신환의 개념 차이를 간단하게라도 짚고 넘어갈 필요가 있습니다. 엔화를 비롯한 모든 외환은 현찰과 전신환이라는 두 종류로 존재합니다. 따라서 우리가 환전해야 할 엔화가 현찰인지 전신환인지부터 먼저 알아야 하는 것이죠.

현찰은 말 그대로 우리가 해외여행을 갈 때 환전해서 들고 가는 바로 그 실물화폐를 말합니다. 은행에서 환전 후 바로 사용이 가능한 돈인 거죠. 다만 은행에서 현찰을 보관하기 위해선 운송 및 보관 비용이 발생합니다. 그렇기 때문에 전신환에 비해 환전 수수료가 더 비싸다는 단점이 있습니다.

반면 전신환은 전산상에 숫자로만 표시되는 돈입니다. 그러다 보니 실물을 관리해야 하는 현찰에 비해 환전 수수료가 상대적으로 저렴하다는 장점이 있죠. 하지만 당초 전산상에만 존재하던 돈이기 때문에, 실물화폐로 출금하기 위해서는 1.5% 정도의 수수료가 발생합니다. 은행별 정책이나 고객 등급에 따라 간혹 면제되는 경우도 있긴 합니다.

이러한 특성들로 인해 환전 수수료가 저렴한 전신환이 현찰보다 투자 용도로 더 적합하다는 사실을 알 수 있습니다. 사실 환율 변동을 이용해 차익을 얻는 환테크[4] 투자에선 은행에서 환전하는 현찰도 큰 활용 가치를 지니고 있습니다. 그래서 환테크를 주목표로 하는 경우에는 현찰과 전신환의 차이를 좀 더 세밀하게 이해할 필요가 있습니다. 하지만 이 책은 엔화를 활용해 일본 시장에 상장된 매력적인 자산을 매매하는 것에 중점을 두고 있습니다. 즉 엔화를 미국 주식, 미국 채권, 일본 주식을 취득하는 수단이라는 관점에서 다루고 있는 것이죠. 따라서 현찰과 전신환의 개념은 이 정도로 간략하게만 설명하겠습니다. 환테크에 관한 내용은 엔화로 할 수 있는 투자 방법들을 다루는 장에서 좀 더 설명드리겠습니다.

현찰 엔화, 가장 저렴하게 환전하기

일본 여행, 출장 등의 이유로 현찰 엔화가 필요할 경우에는 〈표 1-3〉의 은행연합회 외환 길잡이 사이트를 먼저 확인해 보는 게 좋습니다. 시기별로 바뀌는 은행별 환전 수수료·우대율을 미리 비교하고, 해당 은행 어플리케이션을 통해 환전 신청하면 됩니다. 이후 영업점이나 외화 ATM에서 수령하면 가장 저렴하게 현찰 엔화를 환전할 수 있습니다.

---

4) '환율'과 '재테크'를 합친 말로, 환율 변동을 이용해 차익을 얻는 방법을 뜻합니다. 증권사들의 환전우대율이 최대 95~100%까지 제공되는 시대가 열리면서 가능해진 재테크 수단입니다.

은행연합회 외환 길잡이	QR 코드
http://exchange.kfb.or.kr/page/on_commission.php	

최근에는 트래블월렛, 트래블로그와 같이 파격적인 환전 수수료를 제공하는 카드도 많이 출시되었습니다. 이러한 카드들의 혜택을 면밀히 비교해 본 후 현찰 엔화와 함께 활용한다면 더 좋겠죠?

전신환 엔화는 어느 증권사에서 환전하면 좋을까?

결론부터 말씀드리면, 2023년 10월을 기준으로 전신환 엔화는 키움증권에서 가장 싸게 환전할 수 있습니다. 증권사도 은행들처럼 환전 수수료를 투명하게 공개해 놓으면 좋을 테지만 현재는 그런 사이트가 별도로 존재하지 않습니다. 따라서 그때그때 직접 부딪혀 보면서 각 시기에 가장 유리한 증권사를 찾아보는 수밖에 없습니다.

'NH나무'의 경우 기존 고객에겐 엔화 환전우대율 100%를 제공하는데, 어째서 95%인 키움증권이 더 저렴한 것이냐는 의문을 가진 분이 많을 겁니다. 앞서 말씀드린 환전 수수료 산출 공식에 따르면, 환전우대율이 100%일 경우 환전 수수료가 0원이어야 하기 때문이죠. 즉 NH나무는 환전 수수료 산출 공식과 실제 적용이 다른 대표적인 회사라고 할 수 있습니다. 그저 마케팅을 위한 홍보 문구라고 보면 됩니다.

한국투자증권도 알아 두는 게 좋습니다. 한국투자증권의 엔화 환전우대율은 80%로, 키움증권과 NH나무보다는 환전 수수료가 비쌉니다. 그럼에도 언급하는 이유는 현재 증권사 중 유일하게 24시간 실시간 환전이 가능하기 때문입니다. 타 증권사들도 영업시간 이외에 환전 자체는 가능하지만 가환율로만 환전됩니다. 우선 환전을 해 주기는 하지만, 최대한의 오차범위를 고려해 비싼 기준환율이 적용됩니다. 다음 영업일에 환율이 어떻게 변동할지 알 수 없기 때문이죠. 물론 다음 영업일의 고시 환율에 따라 차액을 돌려줍니다만, 밤사이에 환율이 폭등하는 경우에는 24시간 실시간 환전이 훨씬 유리할 수밖에 없는 거죠.

이외에도 신한투자증권이 일학 개미들을 유혹하기 위해 파격적인 거래수수료율과 환전우대율 이벤트를 진행하고 있습니다. 다만 신한투자증권은 우대율 적용 시기가 2023년 말까지로 제한되어 있어 좀 더 지켜봐야 할 것 같습니다. 만약 신한투자증권이 키움증권처럼 이벤트 기간 내 일정 금액 이상의 거래가 있을 경우 우대 기간을 자동 연장해 주는 방향으로 나아간다면, 주거래 증권사로 충분히 고려해 볼 만합니다. 따라서 시간을 두고 좀 더 관찰해 봐야 할 것 같습니다.

참고로 제가 본문에서 언급한 증권사들 이외에서도 고객 센터와 협의만 된다면 거래 수수료와 환전 수수료 우대를 받는 것이 가능합니다. 보통은 수억 원대 이상으로 계좌를 운용 중인 경우에만 협의 수수료를 적용해 줍니다만 최근에 증권사들도 일학 개미의 수요를 흡수하는 데 관심을 갖기 시작했습니다. 때문에 일부 증권사 지점들은 유선으로 요청 시 별도의 조건 없이 환전우대율 100%를 제공해 주기도 했습니다. 그럼에도 이러한 케이스는 여전히 일반적이라고 보기는 어려운 게 사실입니다.

저는 키움증권에서 전신환 엔화를 환전해, NH나무를 통해 일본 주식시장에서 거래하는 것을 가장 좋아합니다. 외화 가상 계좌를 이용해 키움증권에서 저렴하게 환전한 전신환 엔화를 NH나무로 옮기는 것이죠. 참고로 증권사 계좌 간 직접적인 외화 이체는 불가하기 때문에, 해당 증권사별로 연계된 은행의 외화 가상 계좌를 만들어야 가능한 방법입니다.

불편을 감수하고 굳이 이런 방법으로 투자하는 이유는 간단합니다. 키움증권의 경우 MTS(모바일)로 일본 시장 거래를 할 수 없기 때문입니다. 키움증권이 환전 수수료뿐만 아니라 일본 시장 주식거래 수수료율도 가장 저렴하지만, 개장 시간 동안 회사에 있어야 하는 저 같은 직장인에게는 정말 치명적인 단점이죠. 그래서 키움증권보다는 조금 덜 저렴하지만, 일본 시장의 실시간 시세를 무료로 제공하는 NH나무를 차선책으로 활용하고 있습니다. 참고로 키움증권은 2024년 2월부터 모바일로도 일본 시장을 지원할 계획이라고 밝혔습니다. 여기에 앞으로 다른 증권사들이 더 좋은 혜택을 제시할 가능성도 얼마든지 있습니다. 따라서 증권사 활용 방식은 상황에 따라 유연하게 바꿀 필요가 있어 보입니다.

참고로 단순 환전만을 반복할 경우 환전우대율을 박탈당할 수도 있으니, 최소 수량으로라도 일본 시장의 주식이나 ETF를 매수해 놓길 추천드립니다.

▎ 표 1-4. 주요 증권사별 일본 시장 온라인 수수료율·엔화 환전우대율 정리(2023년 10월 기준)

구분	거래수수료율	환전우대율	특징
키움	0.07%	기존 고객 95% / 신규 고객 92%	1) 2023년 10월 기준으로 실질 환전 비용이 가장 저렴하나 2024년 1월 1일부터 기존 고객의 환전우대율도 92%로 낮출 예정 2) 일본 주식 MTS(모바일) 지원 X(2024년 2월부터 지원 예정) 3) 키움증권의 일본 주식 기본수수료는 0.23%이지만, 이벤트 적용 시 0.07%, 이벤트 적용 기간 동안 100$ 이상 거래 시 수수료 혜택 자동 연장
NH나무	0.25%	기존 고객 100% / 신규 고객 95%	1) 환전우대율 자체는 가장 좋으나, 매매 기준환율 조정으로 인해 실질 비용은 키움증권보다 비쌈 2) 온라인 수수료는 키움증권보다 다소 비싸지만, 일본 주식 MTS(모바일) 지원 O 3) 일본 주식 실시간 시세 무료(이벤트 신청 시)
한국투자	0.28%	80%	환전우대율은 낮으나 24시간 환전 가능
신한투자	0.25%	95%	1) 2023년까지 기간 한정으로 일본 주식 수수료·엔화 환전 우대 이벤트를 진행하고 있음. 2) 추후에도 이러한 혜택이 지속된다면, 일본 시장 매매 및 엔화 환전 플랫폼으로 활용 검토 필요
비고	○ 일본 시장 거래와 엔화 환전에 유리한 조건을 갖춘 증권사들을 선별해서 정리한 표입니다. ○ 위 증권사별 일본 시장 온라인 수수료·엔화 환전우대율은 이벤트나 협의 수수료 적용 등에 따라 달라질 수 있습니다.		

엔화로 무엇을 살 수 있을까?

역대급 엔저로 급증한 일본 여행

엔화의 가치가 역대급으로 떨어진 엔저 현상으로 인해 일본을 찾는 우리나라 관광객의 수가 급증하고 있습니다. 일본정부관광국에 따르면 2023년 상반기에 일본을 방문한 전체 외국인 관광객은 1072만 명이었는데, 이 중 312만 명이 한국인이었다고 합니다. 3명 중 1명이 한국인이었을 정도니 국가별 순위에서도 단연 1위를 차지했다고 하네요.

엔화 환율의 영향으로 일본의 물가가 상대적으로 저렴해진 것이 이러한 열풍의 원인으로 꼽힙니다. 명품 브랜드의 경우 동일 제품임에도 우리나라보다 수십만 원 저렴한 경우까지 있을 정도니까요. 그러다 보니 인기 해외여행지의 지형도까지 완전히 바뀌 버릴 정도로 일본 여행은 큰 인기를 끌고 있습니다. 자주 오지 않을 이런 기회를 활용해 일본에서 소중한 추억을 쌓고 오는 것도 분명 나쁘지 않은 선택지라고 생각합니다. 이 또한 엔화로 할 수 있는 가치 있는 일이니까요. 그런데 투자를 통해 경제적 자유를 달성하고자 하는 분이라면 이런 생각도 자연스레 할 것 같습니다.

'혹시 저렴해진 엔화를 활용해 수익을 낼 수 있는 투자 방법은 없을까?'

돈으로 돈을 사고파는 환테크

앞서 간략하게 개념을 설명한 바 있는 환테크에 대해서 좀 더 자세히 알아볼까요? 환테크는 한마디로 돈으로 돈을 사고파는 것입니다. 끊임없이 바뀌는 환율의 변동성을 활용해 차익을 얻는 방법입니다. 환전 수수료가 비쌌던 과거에는 불가능했을 재테크 방법입니다. 최근 들어 증권사들이 환전우대율을 최대 95~100%까지 제공하면서 비로소 가능해진 재테크죠.

저마다 환테크를 실행하는 방법은 다양합니다. 보통은 특정 구간대별로 분할 매수했다가 분할 매도하는데요. 예를 들어 첫 번째 엔화는 910원, 두 번째 엔화는 905원, 세 번째 엔화는 900원대에 매수하고, 반대로 세 번째 엔화는 905원, 두 번째 엔화는 910원, 첫 번째 엔화는 스스로 설정한 목표가에 매도하는 식입니다. 보통은 10~20번 투자 시드를 나누어서 진행하는 경우가 많습니다. 또는 특정 가격대에 한 번에 크게 매수한 다음, 목표 가격대까지 보유하다가 매도하는 방식을 선호하는 분들도 있습니다.

그런데 환율은 폭발적으로 상승하거나 하락하기보다는 특정 구간에서 횡보하는 경향이 강합니다. 이러한 환율의 특성을 고려해 본다면 분할 매수·매도하는 방식이 좀 더 바람직해 보이긴 합니다. 그럼에도 투자에 정답은 없으니 본인에게 좀 더 적합한 방식을 찾아가면 좋을 듯합니다.

▍그림 1-6. 달러리치(어플리케이션)와 고시 환율(어플리케이션)

환율고시 시간 차이를 이용한 시차 환전 전략도 가능합니다. 이점 때문에 앞서 엔화의 종류에 대해 설명드릴 때 환테크에서 현찰이 필요한 경우도 있다고 말씀드렸습니다. 영업시간 내에는 은행별로 고시되는 환율이 몇 초에서 몇 분 단위로 바뀝니다. 외환시장의 변화를 실시간으로 반영하는 것이죠. 하지만 영업시간 이후에는 환율 변동이 반영되지 않거나 아주 느린 속도로 반영되는 경우가 많습니다.

이를 이용해 은행별로 미리 외환을 보유하고 있다가 은행 간의 갭 차이를 이용해 매수 또는 매도함으로써 수익을 얻을 수 있습니다. 예를 들어 밤사이에 환율이 급등해 A 은행의 엔화 고시 환율은 890 원인데, B 은행과 24시간 환전이 가능한 한국투자증권의 고시 환율은 910원이 되었다고 가정해 봅시다. 이때 B 은행과 한국투자증권에서 보유 중이던 엔화를 매도하고, 매도한 금액만큼을 A 은행에서 매수한다면 무위험 수익을 거둘 수 있습니다.

하지만 최근 은행들이 이러한 시차 환전의 허점을 파악하고서 환전 시간, 환전 한도 등에 제약을 두고 있습니다. 거기다 은행 간의 갭 차이가 환전 수수료를 제하고도 수익을 올릴 수 있을 정도로 크게 벌어지는 경우가 많지 않습니다. 즉 시간 대비 효율이 좋지 않은 전략입니다. 하지만 소액으로 외환 투자의 다양한 방법을 경험해 본다는 차원에서는 충분히 시도해 볼 만하다고 생각합니다.

이러한 환테크의 가장 큰 장점이라고 한다면 차익에 대한 세금이 전혀 없다는 점입니다. 죽음과 세금은 피할 수 없다는 말이 있을 정도로 재테크에서 수익을 낼 경우 세금은 자연스레 따라옵니다. 하지만 환테크는 사람들이 본격적으로 관심을 둔 지가 그리 오래되지 않았습니다. 코인 시장에 대해선 아직 세금이 부과되지 않는 것과 같다고 보면 됩니다.

반대로 많은 경우 환테크의 회당 수익률이 0.3~1%라는 것은 단점으로 꼽힙니다. 그러다 보니 투자 시드가 큰 경우가 아니라면 유의미한 수준의 수익을 올리는 게 힘들 수도 있습니다. 물론 작은 수익을 꾸준하게 올림으로써 복리의 마법을 경험할 수도 있지만 평균적인 기대수익률 자체가 주식만큼 폭발적이지는 않습니다. 따라서 환테크 시에는 무리한 레버리지를 지양하고 분할로 접근하는 것이 무엇보다 중요합니다.

그리고 기준금리 변동이나 외환 당국의 개입 등의 큰 이벤트가 생길 경우에는 간혹 급등락이 크게 일어납니다. 이러한 리스크 때문에 웬만하면 분할 매수 초반부터 큰 금액을 투입하지 않는 게 좋습니다. 2023년 10월 기준으로 4~5% 수준의 연 이자를 주는 달러 RP Repurchase Agreements[5]와 달리, 일본의 엔화는 마이너스 기준금리로 인해 외화 RP를 통한 이자조차 얻을 수 없습니다. 심지어 갑작스러운 환율 폭락이 발생하면 이자를 받지 못하는 상태로 현금이 오랫동안 묶여 버릴 위험성도 있습니다.

물론 그런 경우에도 돈이라는 엔화의 본질은 바뀌지 않습니다. 원화와 비교했을 경우의 상대 가치가 다소 떨어지긴 했지만, 일본인들의 입장에서 봤을 땐 그저 똑같은 돈일 뿐인 거죠. 이에 우리는 일본 시장에 상장된 우량한 자산을 사 놓고서 엔화 환율의 회복을 기다리는 대안을 생각해 볼 수 있습니다. 이어지는 내용에서 보다 자세히 알아보겠습니다.

---

5) 약정 기간 후에 원금과 약정이자를 받는 확정 금리 상품입니다. 각자의 자금운용 계획에 따라 약정 기간을 자유롭게 정할 수 있기 때문에, 단기자금으로 실세금리 수준의 수익을 얻는 것이 가능합니다. 개인 투자자에게 있어 파킹 통장과 유사한 역할을 한다고 보면 됩니다.

오랜 역사를 자랑하는 일본 시장 그리고 ETF

일본 주식시장은 1878년에 도쿄주식거래소가 설립되면서 시작되었습니다. 1878년이면 우리나라는 강화도조약을 체결한 지 2년이 지나, 조선 고종 즉위 15년 차를 맞이하던 시기입니다. 일본 주식시장은 그때부터 무려 140년 넘게 그 역사를 이어 오고 있는 것입니다.

오래된 역사를 자랑하는 시장답게 세계적인 투자은행인 노무라를 비롯한 여러 글로벌 경쟁력을 가진 금융회사를 키워 냈습니다. 또한 현재 일본 ETF~Exchange Traded Fund~[6] 시장에는 iShares 브랜드로 유명한 세계 최대의 자산운용사인 블랙록~BlackRock Group~, SPY ETF로 유명한 스테이트 스트리트~State Street Global Advisors~, 우리나라의 미래에셋이 최대 주주인 Global X 등이 진출해 있습니다. 주로 국내 자산운용사끼리 경쟁을 벌이는 우리나라 시장과는 다소 대조적인 모습입니다. 그만큼 일본 시장은 전 세계의 거대 자본들이 주목하는 대표적인 선진 시장임을 알 수 있습니다. 거기다 글로벌 자산운용사들뿐만 아니라, 노무라자산운용, 미쓰비시 UFJ 국제자산운용, 닛코자산운용, 다이와자산운용 등 실력 있는 일본 내 자산운용사들도 ETF 시장에 참여하고 있습니다.

---

6) 증권시장에서 거래가 가능한 펀드로 특정 기초 지수나 자산을 추종합니다. 기존의 펀드보다 운용수수료가 훨씬 저렴한 데다, 최소 10종목으로 구성되어 있어 분산투자까지 자연스레 할 수 있다는 장점이 있습니다.

일본 시장의 주요 ETF 브랜드	
ETF 브랜드명	자산운용사명
iShares	블랙록
SPDR	스테이트 스트리트
Global X	글로벌 엑스
NEXT FUND	노무라자산운용
Nikko	닛코자산운용
MAXIS	미쓰비시 UFJ 국제자산운용
iFree ETF	다이와자산운용

이렇듯 경쟁이 치열하다 보니 일본 시장에서는 주식, 채권, 원자재, 파생 상품 등 다양한 자산에 ETF로 투자하는 것이 가능합니다. 자본주의의 본고장인 미국 시장과 비교하면 선택지가 다소 적어 보일 테지만 결코 그렇지 않습니다. 특히나 전문 투자자가 아닌 일반인 투자자가 활용하기에는 차고 넘치는 수준의 ETF들이 출시되어 있습니다. 최근 일본 내에서도 ETF에 대한 관심이 높아지는 추세라서 앞으로 더 많은 종류의 ETF들이 출시될 것으로 보입니다.

개인적으로는 원자재나 파생 상품은 개인 투자자에게 적합하지 않다고 생각합니다. 그 변동성이 너무 커서 휴지 조각이 될 확률까지 있는 데다, 운용 보수 또한 지나치게 높은 수준인 경우가 많기 때문입니다. 특히 우리나라 투자자들이 사랑하는 2, 3배 레버리지·인버스 상품의 경우 고금리 시대에 접어들면서 실질 이자 비용이 연 10%를 상회하는 경우도 나오고 있습니다. 그 정도로 큰 비용을 감당하면서 수익을 내기란 확률적으로 쉽지 않은 일입니다. 게다가 이러한 숨은 비용은 운용 보수와는 별도로 ETF 가격에 반영되기 때문에 주의해야 합니다.

그런 시장에 개인 투자자가 뛰어드는 것은 장난감 딱총 하나를 들고서 핵무기가 날아다니는 전쟁터에 놓인 격이라고 생각합니다. 투자는 짜릿함을 충족하기 위한 도박이나 놀이가 아니라 자산 증식을 위해 진지하게 임해야만 하는 전투입니다.

평범한 개인 투자자들이 인내심을 갖고 기다리기만 한다면 안정적으로 수익을 낼 확률이 높은 상품들을 여러분과 함께 알아보겠습니다.

TIP 일본 ETF 상품명 쉽게 이해하기

○ 예시: 2621 iShares 20+ Year US Treasury Bond JPY Hedged ETF

① 2621: 티커명(종목을 보다 빠르고 정확하게 찾기 위한 목적인 네 자리의 숫자)
② iShares: 해당 상품을 출시한 자산운용사의 ETF 브랜드명
③ 20+ Year US Treasury Bond(잔존 만기 20년 이상의 미국 국채): 투자 대상
④ JPY Hedged: 투자 대상국 환율의 영향을 받지 않는 환헤지 실시 여부

왜 미국 자산에 투자해야 할까?

미국의 주요 기업들에서 인도 출신 CEO들을 심심치 않게 찾아볼 수 있습니다. 마이크로소프트의 사티아 나델라, 구글의 순다르 피차이가 대표적이죠. 이외에도 IBM, 어도비, 마스터카드, 마이크론 등의 여러 글로벌 회사에도 인도 출신 CEO가 등장한 바 있습니다.

세계 최고의 기업인 애플을 2011년부터 이끌어 온 CEO인 팀 쿡은 지난 2014년 블룸버그 비즈니스위크 기고문을 통해 자신이 동성애자라고 커밍아웃한 바가 있습니다. 그러나 그의 커밍아웃은 그의 CEO 자리에 전혀 영향을 주지 않았고, 결국 애플을 압도적인 세계 최고의 자리에 올려놓았죠.

저는 이들이 네이버나 카카오의 직원이었다면 과연 CEO가 될 수 있었을까 하는 의문이 듭니다. 물론 다문화 사회나 동성애에 관해선 독자 여러분도 저마다의 의견이 있으리라 생각합니다. 저 역시 그런 주제에 대해 옳고 그름을 이야기하려는 것이 아닙니다. 그저 어떤 사람의 배경에 상관없이, 그 능력이 기업을 성장시키는 데에 적절하게 쓰일 수 있는 사회인지를 묻는 것입니다.

우리나라 주요 기업들의 임원 명단을 공시 사이트에서 찾아보면, 외국인을 찾기란 쉽지 않은 게 현실입니다. 글로벌 시장을 상대하는 몇몇 기업을 제외하곤, 임원 전원이 한국인입니다. 이런 우리나라의 풍토에서 인도·동남아시아·아프리카 출신의 이민자가 기업 최고위직에 오르는 건 언제쯤에나 가능할까요? 동성애자의 경우 연예인인

홍석천 씨조차 커밍아웃 직후 연예계에서 퇴출당했을 정도이니, 더 논의해 볼 필요도 없을 것 같습니다.

사실 우리나라에서만 일어나는 특별한 문제라고 보긴 힘듭니다. 일부 서구 선진국을 제외하고는 외부인이나 비전통적인 사고에 폐쇄적인 것이 오히려 더 일반적입니다. 도리어 이 정도로 다양한 배경을 가진 사람들을 한 사회 내에서 잘 융화시켜, 그 능력을 극대화시키고 있는 미국이 신기한 케이스라고 할 수 있죠. 언뜻 보면 엉망진창이고 뒤죽박죽인 것 같지만, 결국엔 그 속에서 다양한 혁신을 끌어내는 게 미국의 진정한 힘이 아닐까요?

앞으로는 미국의 시대가 지고, 중국이 새로운 슈퍼 파워로 부상할 것이라는 의견들도 있습니다. 이에 대해 이런 가정들을 해 보면 좋을 것 같습니다. 대학 진학을 앞둔 전 세계 학생들에게 금전적인 고민이 없다는 가정 아래 하버드대와 베이징대 중 하나를 선택하라고 한다면 어떤 답변이 나올까요? 혹은 세계적인 창업가나 금융 거물을 꿈꾸는 젊은이에게 미국의 실리콘밸리·월스트리트와 중국의 선전·상하이 중 하나를 고르게 한다면 어떨까요? 어떤 답이 압도적으로 더 많이 나올지는 그 결과가 너무나도 뻔하리라 생각합니다. 중국의 미래를 비관적으로 보란 뜻은 아닙니다. 투자에 있어서는 어디까지나 미국이 중심이어야 한다는 뜻입니다. 행여나 제 말뜻을 오해하지는 않으면 좋겠습니다.

능력만 있다면 여전히 아메리칸 드림을 이룰 수 있다는 희망이 세계 최고의 인재들을 미국으로 불러 모으고 있습니다. 전 세계에서 가장 뛰어난 인재들이 모여서 미국을 대표하는 대학과 기업들을 만들고, 또 그것들이 모여서 미국을 세계 최고의 강대국으로서 군림하게끔 하는 것입니다. 여러모로 미국이 쌓아 온 소프트 파워는 미래에도 쉽사리 무너지지 않을 듯합니다. 그렇다면 미국을 넘어 전 세계를 무대로 하는 기업들의 주식, 세계 최강 대국에서 발행되는 채권에 관심을 갖지 않는 게 오히려 이상하지 않을까요?

거기다 미국의 주식시장 지수는 여전히 2021년과 비슷한 수준에 머물러 있고 채권 가격도 3년 연속으로 내리 하락하는, 그야말로 역사적인 순간을 지나고 있습니다. 인플레이션, 고금리 시대 장기화 그리고 세계 곳곳에서 벌어지고 있는 전쟁에 대한 공포가 가득한 시기이기 때문입니다. 이 덕분에 우량 자산이 저렴해져 있어 분할 매수로 접근하기 좋은 시기입니다.

그럼에도 현재 고공 행진하는 달러 환율로 인해 원화를 달러로 환전해 미국 시장에 직접 투자하기에는 다소 부담스러운 상황입니다. 그렇기에 저렴해진 준기축통화인 엔화를 활용해 미국 자산에 투자하는 것이 괜찮은 투자 전략일 수 있습니다. 엔화의 환차익과 미국 자산의 수익을 동시에 추구할 수 있기 때문입니다.

이제부터 어떻게 투자하면 좋을지 좀 더 구체적으로 알아볼까요?

TIP 환헤지 VS 환노출

환헤지 ETF는 달러/엔 환율의 영향을 받지 않고, 기초 지수의 수익률만을 추종하는 상품을 말합니다. 반면 환노출 ETF는 기초 지수의 수익률을 추종하지만, 달러/엔 환율 영향으로 환차익, 환차손도 입을 수 있는 상품을 말합니다.

그림 1-7. 달러/엔 환율
출처: 인베스팅닷컴

USD/JPY - 미국 달러 일본 엔 ▼ **149.57** -0.23 (-0.16%)

전일 종가	149.8	매수		149.55	금일 변동	149.45 - 149.83
금일 시가	149.78	매도		149.58	52주 변동폭	127.22 - 151.96
1년 변동률	0.55%					

일본 시장 ETF 매매로 일학 개미가 되는 방법

일본 시장의 ETF 매매법은 해외 주식과 거의 동일합니다. 따라서 미국·중국·유럽 시장을 경험해 본 분이라면 어렵지 않게 매매할 수 있을 겁니다. 반대로 해외시장 매매 경험이 아예 없거나 국내 시장의 개별 주식만을 매매해 본 분도 많을 겁니다. 이러한 분들을 위해 ETF와 일본 시장 매매 방법에 대해서 말씀드리겠습니다.

먼저 ETF는 증권시장에서 거래가 가능한 펀드로, 특정 기초 지수나 자산을 추종하는 상품입니다. 기존의 펀드는 당초 약정된 기일 전까지는 현금화하는 데 큰 제약들이 있지만, ETF는 시장에서 언제든지 쉽게 사고팔 수 있습니다. 거기다 ETF는 기존의 펀드보다 운용 수수료가 훨씬 저렴하고, 최소 10종목으로 구성되어 있어 분산투자까지 자연스레 할 수 있다는 장점도 있습니다. 그래서 ETF를 통해 시장 지수나 특정 산업 섹터 등에 투자하는 개인 투자자가 점점 늘어나는 추세입니다.

그리고 만약 일본 시장에서 개별 주식을 산다면, 해당 시장에 상장된 일본 기업에만 투자가 가능할 겁니다. 하지만 ETF는 일본 시장에 상장되어 있더라도 투자 대상이 일본 기업에 국한되지 않습니다. 해당 상품의 특성에 따라 전 세계 어디든지 투자할 수 있는 거죠. 전 세계 다양한 지역의 주식, 채권뿐만 아니라 원자재 등에도 투자가 가능합니다. 이러한 특징 덕분에 엔화로 일본 시장의 ETF를 매수함으로써 미국에도 투자할 수 있는 것입니다.

그럼 이제 일본 시장의 ETF를 매매하는 방법을 알아볼까요? 한국이나 미국 주식을 매매할 때와 마찬가지로 MTS모바일/Mobile Trading System나 HTSPC/Home Trading System를 활용하는 게 가장 편리하고 수수료도 저렴합니다. 장중엔 생업에 종사하느라 HTS 이용이 어려운 분이 많을 테니 MTS 위주로 설명하겠습니다. 〈그림 1-8〉처럼 증권사별 해외 주식 메뉴에서 일본 시장을 선택한 다음 티커 또는 종목명으로 매매할 종목을 검색합니다.

▌ 그림 1-8. NH나무 일본 주식 매매 예시 화면 1

그다음 호가창에서 가격을 선택하고 매매할 수량을 지정해 매수 또는 매도 버튼을 눌러 주면 됩니다. 호가창 왼쪽의 파란색 부분에는 해당 가격에 이만큼의 수량을 팔겠다는 주문량이, 반대로 오른

쪽의 빨간색 부분에는 해당 가격에 이만큼의 수량을 사겠다는 주문량이 나타납니다. 파는 사람은 좀 더 비싸게, 사는 사람은 좀 더 싸게 사고 싶어 하는 심리를 호가창을 통해 알 수 있습니다. 이러한 매수·매도 주문이 서로 만나는 지점에서 거래가 체결되면, 실시간 시세가 결정되는 방식인 거죠.

▌그림 1-9. NH나무 일본 주식 매매 예시 화면 2

매수 시 거래 국가 통화(엔화)와 원화 주문 중에서 고를 수 있습니다. 환전을 통해서 엔화를 보유 중인 경우에는 거래 국가 통화 주문

을, 원화만을 갖고 있는 경우라면 원화 주문을 하는 것이 좋습니다. 만약 매수 시 원화 주문을 하게 되면, 갖고 있던 원화가 엔화로 자동 환전되면서 주문이 체결됩니다. 다만 이후에 매도했을 경우에는 엔화로 현금화되기 때문에, 원화로 바꾸기 위해선 직접 환전을 해 주어야 한다는 점도 함께 알아 두면 좋습니다.

⚡ 톺아보기

일본 시장 실시간 시세를 무료로 확인하는 방법

일본 시장의 ETF를 매매하려면 우선 정확한 실시간 시세를 알아야겠죠? 그런데 국내 증권사 대부분은 일본 시장의 경우 20분 지연 시세만을 기본 제공하고 있습니다. 실시간 시세를 확인하려면 매월 유료로 비용을 내야만 하는 것이죠. 각 증권사와 인베스팅닷컴 등을 통해 실시간 시세를 무료로 확인할 수 있는 미국 시장과는 대조적입니다. NH나무에서 2024년 1월 31일까지 일본 주식의 실시간 시세를 무료로 제공하는 이벤트를 하고 있긴 하지만, 어디까지나 한시적입니다. 실시간 시세를 확인하는 데 적게나마 비용을 지불해야 한다는 게 아깝게 느껴지지 않나요?

그림 1-10. 실시간 시세 무료로 확인하는 법
출처: 야후재팬 파이낸스

이때 야후재팬 파이낸스를 활용해 볼 수 있습니다. 국내 포털에서 야후 파이낸스를 검색할 경우에 나오는 finance.yahoo.com이 아니라 finance.yahoo.co.jp이니 주소를 헷갈리지 않게 주의해 주세요. 일본 현지 투자자들이 많이 이용하는 사이트다 보니 실시간 시세를 무료로 제공해 주고 있습니다. 상단의 검색창에 숫자 네 자리의 종목별 티커를 입력하면 조회가 가능합니다. 시세만 조회하는 용도이기 때문에 일본어를 몰라도 이용하는 데 지장이 없습니다. 필요하면 브라우저의 페이지 번역 기능을 활용하면 됩니다.

증권사의 일본 시장 실시간 시세 무료 제공이 보편화되어서, 이런 우회 방법이 필요 없어지는 때가 오길 기대해 봅니다.

PART II

엔화로
살 수 있는
미국 주식

미국의 3대 대표 지수 ETF

미국에는 3대 대표 지수가 존재합니다. 바로 다우존스 지수, S&P500 지수, 나스닥 종합지수입니다. 지수별 특징과 이들 지수에 투자할 수 있는 일본 시장의 ETF들을 순차적으로 소개해 드리겠습니다.

다우존스 산업평균 지수

다우존스 지수DJIA, Dow Jones Industrial Average는 미국 주식시장과 산업을 대표하는 30개의 주식으로 구성되어 있습니다. 다우존스 지수에 포함되는 기업은 미국 경제에 큰 영향을 미치고, 재무제표와 사회적 평판까지 우수한 곳 중에서 선정됩니다. 소위 블루칩이라고 불리는 우량 주식들의 가격을 기반으로 지수가 산출됩니다. 선정된 개별 기업들의 수익률 총합을 총기업 수로 나누는 산술평균 방식으로 말이죠. 참고로 일본의 대표 지수인 니케이225도 이와 동일한 가격 가중평균 지수로 구성됩니다. 이렇게 까다롭게 선정된 핵심 기업들을 통해 미국 주식시장의 전반적인 흐름을 파악할 수 있습니다.

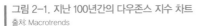

그림 2-1. 지난 100년간의 다우존스 지수 차트
출처: Macrotrends

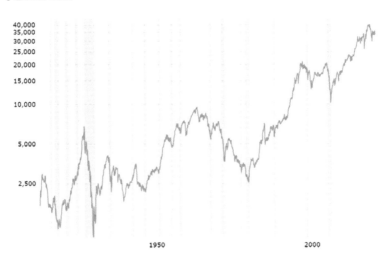

다우존스 지수는 다우존스사의 찰스 다우와 에드워드 존스에 의해 만들어져 1884년부터 발표되고 있습니다. 초기에는 12개의 기업으로 구성되었지만 시간이 지나면서 30종목까지 늘어났습니다. 더불어 처음 다우존스 지수에 포함되었던 12개의 기업은 2018년의 GE를 끝으로 모두 퇴출되었습니다.

다우존스 지수는 구성 종목 수가 적은 데다 시가총액의 변화를 제대로 반영하지 못한다는 단점이 있습니다. 그래서 오늘날 미국 주식시장의 전체적인 흐름을 보여 주기에는 대표성이 다소 부족하다는 비판을 받기도 합니다. 하지만 그럼에도 140년에 가까운 역사를 자랑하는 대표 지수이다 보니, 여전히 미국을 대표하는 3대 지수의 지위를 유지하고 있습니다.

다우존스 지수의 전체 섹터별 분포를 보면 헬스케어 20.73%, 금융 19.89%, IT 18.08%순으로 구성되어 있습니다. 시가총액이 반영되는 S&P500나 나스닥 종합지수에 애플, 마이크로소프트, 구글, 아마존 같은 IT 빅테크 업체들이 큰 비중을 차지하는 것과는 대조적입니다. 심지어 세계 시가총액 1위인 애플은 TOP 10에도 들지 못하는 모습이며, TOP 10 종목 중 3위를 차지한 마이크로소프트를 제외하면 빅테크 종목은 전혀 보이지 않습니다. 오히려 S&P500나 나스닥 종합지수에서는 그 비중이 크지 않은 헬스케어, 금융, 경기소비재, 산업재 섹터의 종목들이 골고루 자리 잡고 있네요.

❚ 표 2-1. 다우존스 지수 섹터별 분포(2023년 10월 기준)

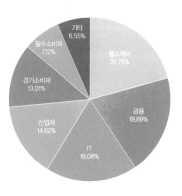

섹터	비중
헬스케어	20.73%
금융	19.89%
IT	18.08%
산업재	14.62%
경기소비재	13.01%
필수소비재	7.12%
에너지	3.31%
통신	2.23%
소재	1.01%
부동산	0.00%
유틸리티	0.00%

표 2-2. 다우존스 지수 TOP 10 종목(2023년 10월 기준)

종목명	티커	섹터	구성 비중
유나이티드헬스	UNH	헬스케어	9.82%
골드만삭스	GS	금융	6.26%
마이크로소프트	MSFT	IT	6.04%
홈디포	HD	경기소비재	5.84%
캐터필러	CAT	산업재	5.32%
암젠	AMGN	헬스케어	5.21%
맥도날드	MCD	경기소비재	5.11%
비자	V	금융	4.46%
세일즈포스	CRM	IT	3.91%
보잉	BA	산업재	3.66%
TOP 10 합계 비중			55.63%

　　미국뿐만 아니라 전 세계를 무대로 활약하고 있는 좋은 기업이 많이 보입니다. 그러다 보니 다우존스 지수에 투자하는 DIA ETF가 1998년에 상장되어, 오늘날까지도 많은 투자자로부터 큰 사랑을 받고 있죠. 우리는 이처럼 기초 지수를 추종하는 ETF를 일본 시장에서 살 수 있습니다. 달러가 아닌 엔화로 말이죠.

표 2-3. 환헤지 다우존스 지수 ETF

티커	종목명	운용 보수	시가총액
2562	Nikko Listed Index Fund US Equity (Dow Average) Currency Hedge	0.275%	310억 ¥
2846	NEXT FUNDS DJIA (Yen-Hedged) Exchange Traded Fund	0.33%	107억 ¥
2242	MAXIS NY Dow Industrial Average ETF (JPY Hedged)	0.22%	3억 ¥

표 2-4. 2562 Nikko Listed Index Fund US Equity (Dow Average) Currency Hedge ETF(2023년 10월 기준)

주당 가격	2,657¥ (약 23,000원)	거래 단위	10주	시가총액	310억 ¥ (약 2701억 원)
기초 지수	Dow Jones Industrial Average			상장일	2020-03-13
운용 보수	0.275%	배당률	1.50%	배당 주기	연 2회 (1월/7월)

상장 이후 주가 차트	최근 3개년 배당금 지급 내역	
	배당 기준일	지급 금액
	2023-07-08	21.30¥
	2023-01-08	19.30¥
	2022-07-08	18.20¥
	2022-01-08	15.60¥
	2021-07-08	14.00¥
	2021-01-08	10.10¥

연평균수익률	YTD[7]	-2.72%	최근 1년	5.02%	최근 3년	4.21%

TIP ETF 분배금=주식 배당금

많은 회사가 수익금을 주주들과 나누기 위해 주기적으로 배당을 실시합니다. 따라서 여러 주식 종목을 묶어 놓은 ETF를 보유한 경우에도 이 배당금을 지급받게 되는 것이죠. 다만 ETF에서는 이를 배당금이라고 부르지 않고 분배금이라고 부릅니다. 하지만 분배금보다는 배당금이라는 용어가 대중에게 좀 더 친숙하기 때문에 본 책에서는 ETF의 경우에도 배당금이라는 용어로 설명드리겠습니다.

---

7) Year To Date. 연초 대비 증감률을 뜻합니다. 만약 오늘이 2023년 10월 19일이라면, 2023년 1월 1일부터 10월 19일까지의 수익률을 말합니다.

주당 가격은 2만 원 중반대지만, 10주 단위로만 거래할 수 있습니다. 그래서 한 번 거래 시에 최소 23만 원이 필요합니다. Dow Jones Industrial Average가 기초 지수로 2020년 3월 13일에 상장되었고, 시가총액은 2700억 원대이며, 안정적으로 매매가 가능한 수준으로 운용되고 있습니다.

다만 같은 기초 지수를 추종하는 미국의 DIA ETF는 매월 배당을 주는 것에 반해, 2562 Nikko Listed Index Fund US Equity (Dow Average) Currency Hedge ETF는 연 2회의 배당만을 실시하고 있습니다. 매월 발생하는 꾸준한 현금 흐름을 추구하는 분들에게는 다소 아쉬운 점이라고 할 수 있습니다. 그럼에도 최근 3년간의 배당금 지급 내역을 보면 배당금이 꾸준히 늘어나고 있습니다. 이 점은 긍정적이라 할 수 있겠네요.

2021년 말에 미국 시장이 고점을 찍고 하락하다가 횡보를 거듭함에 따라 최근에는 좋지 못한 수익률을 기록 중입니다. 기간별 연평균수익률을 산출해 보면 YTD −2.72%, 최근 1년 5.02%, 최근 3년 4.21%을 보여 주고 있네요.

❘ 표 2-5. 환노출 다우존스 지수 ETF

티커	종목명	운용 보수	시가총액
1546	NEXT FUNDS DJIA (Unhedged) Exchange Traded Fund	0.33%	165억 ¥
1679	Simple-X NY Dow Jones Index ETF	0.55%	12억 ¥
2241	MAXIS NY Dow Industrial Average ETF	0.22%	12억 ¥
2235	Nikko Listed Index Fund US Equity (Dow Average) No Currency Hedge	0.275%	1억 ¥

일본 시장에 상장된 환노출 다우존스 지수 ETF도 살펴보겠습니다. 앞서 소개해 드린 환헤지 ETF와 달리 기초 지수의 수익률뿐만 아니라 달러 환율의 영향도 받는 ETF들입니다. 시가총액이 가장 큰 1546 NEXT FUNDS DJIA (Unhedged) ETF를 자세히 알아보겠습니다.

┃ 표 2-6. 1546 NEXT FUNDS DJIA (Unhedged) ETF(2023년 10월 기준)

주당 가격	48,370¥ (약 42만 1,000원)	거래 단위	1주	시가총액	165억 ¥ (약 1438억 원)
기초 지수	Dow Jones Industrial Average			상장일	2010-08-13
운용 보수	0.33%	배당률	1.62%	배당 주기	연 1회(8월)

상장 이후 주가 차트				최근 3개년 배당금 지급 내역	
				배당 기준일	지급 금액
				2023-08-10	791¥
				2022-08-10	744¥
				2021-08-10	302¥

연평균수익률	YTD	15.23%	최근 1년	11.26%	최근 3년	20.47%

주당 가격이 42만 원대로 다소 비싸지만, 1주 단위로도 거래할 수 있습니다. 마찬가지로 Dow Jones Industrial Average를 기초 지수로 하고, 2010년 8월 13일에 상장되었네요. 시가총액은 앞선 2562보다 10년이나 먼저 상장했음에도 오히려 더 작은 1400억 원대입니다. 물론 이 정도도 안정적으로 매매하는 데는 전혀 문제가 없는 수준입니다.

아쉬운 건 배당을 연 1회만 실시한다는 것입니다. 현재 1546 NEXT FUNDS DJIA (Unhedged) ETF의 배당률 자체는 앞서 소개해 드렸던 2562보다 높은 편입니다. 하지만 시가배당률은 ETF의 현재 가격과 과거 배당금에 근거해 산출되는 정보이므로 다소 부정확한 측면이 있습니다. 따라서 이러한 약간의 배당률 차이는 배당 시기에 따라 달라질 수 있으므로, 크게 유의미하게 볼 필요는 없습니다.

그림 2-2. 1546(파란색)과 2562(빨간색)의 최근 차트 비교
출처: 야후

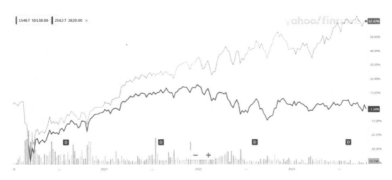

특이한 점은 1546은 2562와 동일하게 다우존스 지수를 추종함에도 불구하고 최근 수익률에 있어서는 큰 차이를 보인다는 것입니다. 최근 3년 동안 달러/엔 환율이 급격히 상승하면서 이렇듯 극명한 차이가 발생했습니다. 이처럼 환율은 수익률에 생각보다 큰 영향을 주곤 합니다. 따라서 투자 시점의 환율 수준을 고려해 환노출과 환헤지 중에서 적절한 ETF를 선택하는 지혜가 필요해 보입니다.

기초 지수가 같은 ETF 중에서 어떤 걸 사야 할까?

같은 기초 지수를 추종하는 ETF가 여러 개라면 그중에서 어떤 상품을 골라야 할까요? 저는 시가총액(순자산총액)을 가장 중요하게 봅니다. 시가총액이 너무 작은 종목의 경우 거래량 또한 적을 확률이 높습니다. 물론 아무리 시가총액이 작은 ETF라고 해도 LP라고 불리는 유동성 공급자가 매수·매도 호가창을 채워 주기는 합니다. 그럼에도 시가총액이 작은 ETF의 호가창은 상대적으로 촘촘하지 못한 경우가 많습니다. 그러면 매매 시 순자산가치NAV, Net Asset Value와의 큰 괴리율이 발생하곤 합니다. 한마디로 원래 가격보다 손해 보고 사고, 손해 보고 팔 확률이 높아진다는 것이죠. 따라서 가능한 한 시가총액이 가장 큰 ETF를 사는 걸 추천드립니다.

혹자는 운용 보수가 저렴한 것이 더 중요하다고 봅니다. 하지만 보통은 같은 기초 지수를 추종할 경우에는 투자수익률에 유의미한 영향을 줄 정도로 운용 보수가 크게 차이 나지 않습니다. 물론 시가총액도 큰 데다 운용 보수까지 가장 저렴하다면 더할 나위 없이 좋겠지요. 하지만 굳이 둘 중 하나를 더 우선시해야 한다면, 저는 시가총액이 더 큰 ETF를 선택하라고 말씀드리고 싶습니다.

S&P500 지수

S&P500 지수Standard&Poor's 500 index는 국제 신용평가 기관인 스탠더드
앤드푸어스에서 발표하는 주가지수입니다. 무디스, 피치와 함께 세계
3대 신용평가 기관으로 꼽히는 스탠더드앤드푸어스는 산업 대표성,
기업 규모 등을 고려해 미국 시장의 500개 기업을 선정합니다. 30종
목에 불과한 다우존스보다 훨씬 많은 기업을 담은 지수인 것이죠.

S&P500 지수는 각 분야 대표 기업들의 시가총액을 반영해 지
수를 산출합니다. 그러다 보니 S&P500 지수 내 종목들이 미국 내
상장 기업 시가총액의 80% 이상을 차지하기도 합니다. 이러한 특
징 때문에 미국을 대표하는 지수로, 각종 시장분석 시에도 가장 많
이 활용되곤 합니다. 그래서 보통 미국 시장의 수익률이라고 하면 이
S&P500 지수 수익률이 기준이 되곤 하죠. 이 때문에 각종 금융상품
의 벤치마크(측정 기준)로도 널리 쓰이고 있습니다.

S&P500 지수는 1926년에 90개의 주식을 대상으로 시작되었습니
다. 사실 그 시절엔 S&P500이 아니라 S&P90 지수였던 것이죠. 그러
다가 1957년부터 오늘날과 같이 500개의 주식을 담은 S&P500이 되
었습니다. 500개라는 많은 기업이 지수 안에 들어가 있다 보니, 구성
종목이 그만큼 자주 바뀐다는 특징도 있습니다.

미국 3대 대표 지수 중 종목 수가 가장 많은 만큼, 다양한 산업
군에서 활약하는 기업들을 골고루 포함하고 있다는 것도 S&P500의
장점입니다. 특히 다우존스 지수에서는 소외되었던 빅테크 기업들도

그림 2-3. 1926년~2023년 10월 S&P500 차트
출처: Macrotrends

골고루 포함되어 있어서, 다우존스 지수에 비해 더 좋은 수익률을 보여 주고 있죠. 다만 매그니피센트7—애플, 마이크로소프트, 알파벳, 아마존, 엔비디아, 테슬라, 메타—이라고 불리는 빅테크들의 비중이 너무 커지면서, 500개 종목 간 시가총액 양극화가 심해지는 것이 문제로 꼽히고 있기도 합니다.

그럼에도 워런 버핏이 아내에게 자신이 죽으면 S&P500 지수 90%와 미국 국채 10%를 사라고 말했을 정도로, S&P500 지수는 주식에 대해 전문적인 지식이 없는 일반인도 안정적으로 장기 투자할 수 있는 투자처입니다. S&P500 지수의 경우 특정 종목이 전체 지수에서 차지하는 비중이 지나치게 커질 경우 특별 리밸런싱을 실시하기도 합니다. 그래서 일시적으로는 특정 종목으로 쏠림 현상이 나타

| 표 2-7. S&P500 지수 섹터별 분포(2023년 10월 기준)

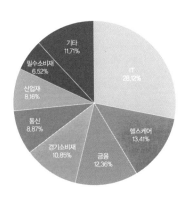

섹터	비중
IT	28.12%
헬스케어	13.41%
금융	12.36%
경기소비재	10.85%
통신	8.87%
산업재	8.16%
필수소비재	6.52%
에너지	4.72%
유틸리티	2.41%
부동산	2.37%
소재	2.21%

| 표 2-8. S&P500 지수 TOP 10 종목(2023년 10월 기준)

종목명	티커	섹터	구성 비중
애플	AAPL	IT	6.98%
마이크로소프트	MSFT	IT	6.51%
아마존	AMZN	경기소비재	3.20%
엔비디아	NVDA	IT	2.98%
알파벳A(구글)	GOOGL	IT	2.15%
테슬라	TSLA	경기소비재	1.92%
메타	META	경기소비재	1.85%
알파벳C(구글)	GOOG	IT	1.85%
버크셔해서웨이	BRK.B	금융	1.77%
엑손모빌	XOM	에너지	1.31%
TOP 10 합계 비중			30.52%

날 수 있으나 보통은 여러 섹터에 골고루 투자할 수 있도록 종목들이 구성됩니다.

이러한 점 때문에 S&P500 지수를 추종하는 SPY는 세계 최대의 ETF이기도 합니다. SPY ETF 단 하나의 운용 자산이 4000억 달러에 달합니다. SPY 이외에도 VOO, IVV 등 S&P500 지수를 추종하는 ETF들이 전 세계적으로 수없이 많은데도 말이죠. 우리나라 시장에만 해도 S&P500 지수 관련 ETF는 20개가 넘습니다. 이는 일본 시장 또한 마찬가지입니다.

▍ 표 2-9, 환헤지 S&P500 지수 ETF

티커	종목명	운용 보수	시가총액
2563	iShares S&P500 JPY Hedged ETF	0.077%	539억 ¥
2521	Nikko Listed Index Fund US Equity (S&P500) Currency Hedge	0.165%	428억 ¥
2630	MAXIS S&P500 US Equity ETF (JPY Hedged)	0.077%	269억 ¥
2634	NEXT FUNDS S&P500 (Yen-Hedged) Exchange Traded Fund	0.077%	244억 ¥
2248	iFreeETF S&P500 (JPY HEDGED)	0.077%	12억 ¥

일본 시장에 상장된 환헤지 S&P500 지수 ETF부터 살펴볼까요? 달러 환율의 영향을 받지 않고 S&P500 지수의 수익률만을 추종할 수 있는 ETF들입니다. 시가총액이 가장 큰 2563 iShares S&P500 JPY Hedged ETF를 자세히 알아보겠습니다.

표 2-10. 2563 iShares S&P500 JPY Hedged ETF(2023년 10월 기준)

주당 가격	254.90¥ (약 2,200원)	거래 단위	10주	시가총액	539억 ¥ (약 4696억 원)
기초 지수	S&P500			상장일	2020-06-18
운용 보수	0.077%	배당률	1.48%	배당 주기	연 2회 (2월/8월)
상장 이후 주가 차트			최근 3개년 배당금 지급 내역		
			배당 기준일		지급 금액
			2023-08-09		2.00¥
			2023-02-09		1.80¥
			2022-08-09		1.40¥
			2022-02-09		1.40¥
			2021-08-09		1.10¥
			2021-02-09		0.70¥
연평균수익률	YTD	7.54%	최근 1년	11.45%	최근 3년	7.39%

　　주당 가격이 약 2,200원으로 아주 저렴하지만, 10주 단위로만 거래할 수 있습니다. 그래서 한 번 거래할 때 최소 2만 2,000원이 필요합니다. S&P500이 기초 지수이며 2020년 6월 18일에 상장되었네요. 시가총액은 4600억 원대이며, 안정적으로 매매가 가능한 수준으로 운용되고 있습니다.

그림 2-4. S&P500 지수(빨간색)과 다우존스 지수(파란색)의 최근 5년간의 차트 비교
출처: 야후

다만 같은 기초 지수를 추종하는 미국의 SPY ETF는 매분기 배당을 주는 것에 반해, 2563 iShares S&P500 JPY Hedged ETF는 연 2회만 배당을 실시하고 있습니다. 그리고 최근 연평균수익률은 YTD 7.54%, 최근 1년 11.45%, 최근 3년 7.39%입니다. 연평균수익률에 있어서는 S&P500 지수가 다우존스 지수보다 평균적으로 앞서는군요.

▎표 2-11. 환노출 S&P500 지수 ETF

티커	종목명	운용 보수	시가총액
1557	SPDR S&P500 ETF	0.0945%	61조 2902억 ¥
1655	iShares S&P500 ETF	0.077%	616억 ¥
2558	MAXIS S&P500 US Equity ETF	0.077%	425억 ¥
1547	Nikko Listed Index Fund US Equity (S&P500)	0.165%	367억 ¥
2633	NEXT FUNDS S&P500 (Unhedged) ETF	0.077%	63억 ¥
2247	iFreeETF S&P500 (Non Hedged)	0.077%	3억 ¥

일본 시장에 상장된 환노출 S&P500 지수 ETF도 살펴보겠습니다. S&P500 지수 수익률과 달러 환율의 영향을 동시에 받는 ETF들입니다. 시가총액이 가장 큰 1557 SPDR S&P500 ETF를 위주로 한 번 알아보겠습니다.

주당 가격은 55만 원대이며, 1주 단위로 거래할 수 있습니다. S&P500을 기초 지수로 하고, 2011년 3월 24일에 상장되었네요. 그런데 시가총액은 무려 534조 원대입니다. 이 상품은 세계 최대의 ETF인 SPY를 일본에서도 동일하게 매수할 수 있게끔 만들어졌습니다.

┃ 표 2-12. 1557 SPDR S&P500 ETF(2023년 10월 기준)

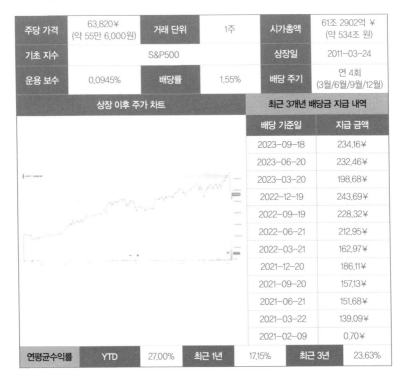

주당 가격	63,820¥ (약 55만 6,000원)	거래 단위	1주	시가총액	61조 2902억 ¥ (약 534조 원)
기초 지수		S&P500		상장일	2011-03-24
운용 보수	0.0945%	배당률	1.55%	배당 주기	연 4회 (3월/6월/9월/12월)

상장 이후 주가 차트	최근 3개년 배당금 지급 내역	
	배당 기준일	지급 금액
	2023-09-18	234.16¥
	2023-06-20	232.46¥
	2023-03-20	198.68¥
	2022-12-19	243.69¥
	2022-09-19	228.32¥
	2022-06-21	212.95¥
	2022-03-21	162.97¥
	2021-12-20	186.11¥
	2021-09-20	157.13¥
	2021-06-21	151.68¥
	2021-03-22	139.09¥
	2021-02-09	0.70¥

연평균수익률	YTD	27.00%	최근 1년	17.15%	최근 3년	23.63%

SPY의 운용사인 스테이트 스트리트에서 출시했기 때문에 가능한 일이죠. 그러다 보니 운용 자산도 1993년부터 시작된 SPY ETF의 시가총액과 동일하게 표시되고 있습니다.

SPY ETF를 일본 시장에서 편리하게 매수할 수 있게끔 설계한 만큼 배당금 역시 SPY와 동일하게 분기 배당으로 지급되고 있습니다. 분기별로 지급 금액이 편차가 있기는 하지만 전체적으로는 시간이 흐름에 따라 그 액수가 안정적으로 증가하는 모습입니다.

최근 기간별 연평균수익률은 무려 17~27%입니다. 5~10% 수준

그림 2-5. 1557(빨간색)과 2521(파란색)의 최근 차트 비교
출처: 야후

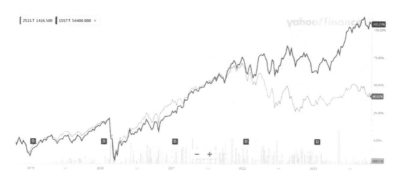

이던 동일한 기초 지수를 추종하는 환헤지 ETF에 크게 앞서는 모습입니다. 이 또한 최근 3년간 가파르게 상승한 달러/엔 환율의 영향을 받은 덕분입니다. 환율의 흐름에 잘 올라타기만 한다면, 그저 대표 시장 지수를 추종하는 것으로도 이렇게 좋은 수익률을 낼 수 있습니다.

TIP 연평균복리수익률

연평균수익률은 복리를 고려해서 산출해야 합니다. 예를 들어 초기 투자금 10억 원을 5년에 걸쳐 20억 원으로 불렸다고 가정해 봅시다. 초기 투자금에서 2배가 되었으니, 5년 누적수익률이 100%인 상황인 것입니다. 이때 '100%/5년'으로 계산해서 연평균수익률이 20%라고 오해하면 안 됩니다. 이경우 복리를 고려한 연평균수익률$_{CAGR}$은 14.87%입니다.

일반인 투자자가 복잡한 계산식을 굳이 알 필요는 없습니다. CAGR 계산기 사이트(https://cagrcalculator.net)를 이용하는 걸 추천합니다.

나스닥 종합지수

나스닥 전자거래소에 등록되어 있는 3,500여 개 종목의 시가총액을 반영해 산출되는 지수입니다. 글로벌 IT 기업들 대부분이 이 나스닥 종합지수NASDAQ Composite Stock Market Index에 포함되어 있어서, 미국 시장의 기술주 흐름을 파악할 수 있는 대표적인 지수로 꼽히고 있습니다. 오늘날에는 세계적인 빅테크 회사들도 다수 포진해 있으며, 여러 스타트업 기업의 자금 조달 창구 역할도 수행하고 있습니다. 참고로 우리나라의 코스닥 시장은 이 나스닥 시장을 벤치마킹했습니다.

1971년부터 시작된 나스닥 종합지수에서 성장성을 갖춘 수많은 혁신 기업이 탄생했습니다. 나스닥에서 자금을 조달한 기업들이 기존 산업의 경계를 허물면서 새로운 기술과 비즈니스 모델을 개척하

그림 2-6. 1971~2023년 나스닥 차트
출처: Macrotrends

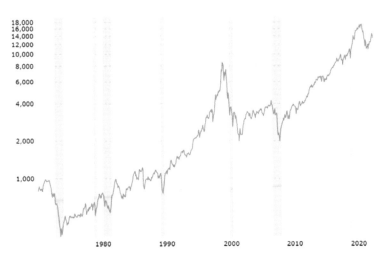

며 성장해 온 것이죠. 기술주들의 산실답게 오늘날에는 보편화된 전자거래도 나스닥에서 처음 시작되었습니다. 이렇듯 나스닥은 전 세계 기술 산업의 발전에 기여하는 동시에 글로벌 투자자들에게도 좋은 투자 기회를 제공하고 있습니다. 그래서 미국뿐만 아니라 전 세계의 투자자들이 바로 이 나스닥 시장을 주목하고 있죠.

1985년부터 발표된 나스닥100은 나스닥에 상장된 3,500여 개의 종목 중에서 시가총액이 크고 거래량이 많은 상위 100개의 기업으로 구성된 지수입니다. 4차 산업혁명 시대가 펼쳐질 미래에 나스닥은 더욱 주목받을 것으로 기대됩니다. AI, 바이오 등 미래기술 혁신의 시작점이 바로 이 나스닥 시장일 테니까 말이죠. 이 나스닥100 지수에 투자하는 ETF 중에선 미국 시장에 상장된 인베스코의 QQQ가 가장 유명합니다.

▌ 표 2-13. 나스닥100 지수 섹터별 분포(2023년 10월 기준)

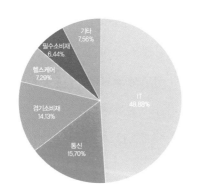

섹터	비중
IT	48.88%
통신	15.70%
경기소비재	14.13%
헬스케어	7.29%
필수소비재	6.44%
산업재	4.94%
유틸리티	1.24%
금융	0.56%
에너지	0.55%
부동산	0.27%
소재	0.00%

▌표 2-14. 나스닥100 지수 TOP 10 종목(2023년 10월 기준)

종목명	티커	섹터	구성 비중
애플	AAPL	IT	10.82%
마이크로소프트	MSFT	IT	9.48%
아마존	AMZN	경기소비재	5.30%
엔비디아	NVDA	IT	4.34%
메타	META	경기소비재	3.78%
테슬라	TSLA	경기소비재	3.21%
알파벳A(구글)	GOOGL	IT	3.14%
알파벳C(구글)	GOOG	IT	3.09%
브로드컴	AVGO	IT	2.97%
코스트코	COST	경기소비재	2.17%
TOP 10 합계 비중			48.30%

나스닥100 지수의 TOP 10 종목을 살펴보겠습니다. 우리에게 익숙한 미국의 빅테크 기업이 다수 포진되어 있습니다. 이 중 아마존, 메타, 테슬라는 경기소비재로 분류되기는 하지만 IT 기술주라고 보아도 무방한 회사들입니다. 코스트코 같은 전통적인 경기소비재 주식도 일부 포함되어 있네요. TOP 10 안에는 들지 못했지만 스타벅스, 펩시코와 같은 주식들도 나스닥100 지수에 포함되어 있습니다.

높은 성장성을 갖춘 100개의 기업이 엄선된 지수답게 나스닥100 지수를 추종하는 QQQ는 항상 전 세계 ETF 매수 상위권에 당당히 그 이름을 올리고 있습니다. 앞으로 AI와 자율주행 자동차 등으로 우리 삶의 패러다임을 완전히 바꿔 버릴 기업들이 모여 있기에, 이렇게 큰 사랑을 받는 것은 어쩌면 너무나도 당연한 일이라고 할 수 있

습니다. 그렇다면 일본 시장에서도 이 나스닥100 지수에 투자할 수
있는 방법이 있을지 한 번 본격적으로 알아볼까요?

▮ 표 2-15. 환헤지 나스닥100 지수 ETF

티커	종목명	운용 보수	시가총액
2569	Nikko Listed Index Fund US Equity (NASDAQ100) Currency Hedge	0.275%	258억 ¥
2841	iFreeETF NASDAQ100 (JPY HEDGED)	0.22%	94억 ¥
2632	MAXIS NASDAQ100 ETF (JPY Hedged)	0.22%	78억 ¥
2845	NEXT FUNDS NASDAQ-100(R) (Yen-Hedged) ETF	0.22%	35억 ¥

　　일본 시장에 상장된 환헤지 나스닥100 지수 ETF 목록입니다. 달
러 환율의 영향을 받지 않고 나스닥100 지수의 수익률만을 추종
할 수 있는 ETF들이죠. 이 중에서 시가총액이 가장 큰 2569 Nikko
Listed Index Fund US Equity (NASDAQ100) Currency Hedge ETF를
자세히 알아보겠습니다.

　　주당 가격은 2만 원 초반대이고, 10주 단위로만 거래할 수 있습니
다. 그래서 한 번 거래할 때 최소 21만 원이 필요합니다. 나스닥100이
기초 지수이며, 2020년 9월 17일에 상장되었네요. 시가총액은 2200
억 원대이고, 호가창이 깔끔하게 잘 관리되고 있어서 개인 투자자가
매매하는 데는 전혀 불편함이 없습니다.

표 2-16. 2569 Nikko Listed Index Fund US Equity (NASDAQ100) Currency Hedge ETF(2023년 10월 기준)

주당 가격	2,434¥ (약 21,000원)	거래 단위	10주	시가총액	258억 ¥ (약 2248억 원)
기초 지수	NASDAQ100			상장일	2020-09-17
운용 보수	0.275%	배당률	0.36%	배당 주기	연 2회(1월/7월)

상장 이후 주가 차트	최근 3개년 배당금 지급 내역	
	배당 기준일	지급 금액
	2023-07-08	4.40¥
	2023-01-08	4.30¥
	2022-07-08	4.60¥
	2022-01-08	3.00¥
	2021-07-08	3.30¥
	2021-01-08	1.40¥

연평균수익률	YTD	29.33%	최근 1년	26.78%	최근 3년	5.08%

그림 2-7. 나스닥100 지수(빨간색)와 S&P500 지수(파란색)의 최근 5년간의 차트 비교

그리고 같은 기초 지수를 추종하는 미국의 QQQ ETF는 매분기 배당을 주는 것에 반해, 2569 Nikko Listed Index Fund US Equity (NASDAQ100) Currency Hedge ETF는 연 2회만 배당을 실시하고 있

습니다. 최근 연평균수익률은 YTD 29.33%, 최근 1년 26.78%, 최근 3년 5.08%입니다. 시장이 아직 2021년의 고점을 넘지 못한 관계로 최근에 투자했을 때 수익률이 좋았음을 알 수 있습니다. 연평균수익률에 있어서는 나스닥100 지수가 S&P500 지수보다 평균적으로 앞서는 모습을 보여 주는군요.

| 표 2-17. 환노출 나스닥100 지수 ETF

티커	종목명	운용 보수	시가총액
1545	NEXT FUNDS NASDAQ-100(R) (Unhedged) ETF	0.22%	469억 ¥
2631	MAXIS NASDAQ100 ETF	0.22%	147억 ¥
2568	Nikko Listed Index Fund US Equity (NASDAQ100) No Currency Hedge	0.275%	86억 ¥
2840	iFreeETF NASDAQ100 (NON HEDGED)	0.22%	19억 ¥

일본 시장에 상장된 환노출 나스닥100 지수 ETF도 살펴보겠습니다. 나스닥100 지수 수익률과 달러 환율의 영향을 동시에 받는 ETF들입니다. 시가총액이 가장 큰 1545 NEXT FUNDS NASDAQ-100(R) (Unhedged) ETF를 자세히 한 번 알아보겠습니다.

주당 가격은 약 19만 원이고, 1주 단위로도 거래할 수 있습니다. 나스닥100을 기초 지수로 하며, 2010년 8월 13일에 상장되었네요. 시가총액은 4000억 원대로 원활히 매매하기에 충분한 수준입니다. 1545 NEXT FUNDS NASDAQ-100(R) (Unhedged) ETF 역시 2569와 마찬가지로 배당 주기 면에서는 다소 아쉽습니다. 연 1회씩만 지급하

▌ 표 2-18. 1545 NEXT FUNDS NASDAQ-100(R) (Unhedged) ETF

주당 가격	22,325¥ (약 19만 5,000원)	거래 단위	1주	시가총액	469억 ¥ (약 4087억 원)
기초 지수	NASDAQ100			상장일	2010-08-13
운용 보수	0.22%	배당률	0.58%	배당 주기	연 1회(8월)

상장 이후 주가 차트		최근 3개년 배당금 지급 내역	
		배당 기준일	지급 금액
		2023-08-10	130¥
		2022-08-10	57¥
		2021-08-10	9¥

연평균수익률	YTD	52.77%	최근 1년	33.59%	최근 3년	21.62%

고 있군요. 연배당률이 0.58%로 크지 않지만, 배당금 자체는 매년 꾸준히 증가하고 있습니다.

연평균수익률이 참 인상적입니다. YTD 52.77%, 최근 1년 33.59%, 최근 3년 21.62%를 기록했습니다. 작년 말 조정장 이후 시장이 크게 반등한 영향입니다. 거기다 다른 환노출 ETF들처럼 달러/엔 환율이 크게 상승한 것까지 맞물리면서, YTD로 50%가 훌쩍 넘는 엄청난 수익률을 기록했습니다. 수익률 자체가 워낙 엄청나다 보니, 2023년 초에 이 ETF에 투자하셨던 분들은 배당금에 대한 아쉬움 같은 건 전혀 느끼지 못했을 것 같단 생각이 드네요. 같은 기초 지수를 추종했음에도 불구하고 나스닥100 지수의 경우 환노출이 환헤지보다 단연 압도적인 모습을 보여 주었습니다.

│ 그림 2-8. 1545(빨간색)와 2569(파란색)의 최근 차트 비교
│ 출처: 야후

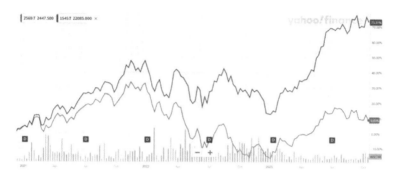

지금까지 일본 시장에서 매매할 수 있는 미국 3대 대표 지수를
알아보았습니다. 기초 지수의 수익률 자체는 나스닥 〉 S&P500 〉 다
우존스 지수순이지만, 어떤 시기에 어떤 방법으로 투자하는지에 따
라 투자수익률이 달라질 수 있을 것입니다. 따라서 앞서 설명드린 각
대표 지수별 특징과 투자 시점의 환율 상황을 고려하여 저마다에게 적
합한 ETF를 선택한다면 좀 더 좋은 수익률을 올릴 수 있을 것입니다.

│ 그림 2-9. 나스닥 종합지수(초록색), S&P500(빨간색), 다우존스 지수(파란색)의 최근 5년 차트 비교
│ 출처: 야후

일본 시장 ETF 검색은 티커로!

증권사별로 일본 시장 ETF의 표기가 다른 경우가 많습니다. 어떤 곳은 한글, 어떤 곳은 영어, 또 다른 곳은 영어 줄임말로 표기하는 식이죠. 아직까지 일본 시장의 투자가 활성화되지 않아서 발생하는 문제인 것 같습니다.

그래서 관심 있는 ETF를 찾을 땐, ETF명 앞에 적혀 있는 숫자인 티커를 이용해 검색하는 게 좋습니다. 참고로 다른 나라 시장에서도 티커로 검색하면 보다 쉽고 정확하게 검색이 가능합니다.

┃ 그림 2-10. 주식 종목 찾기

다양한 섹터에 투자하는 ETF

미국을 대표하는 시장 지수뿐만 아니라, ETF로 특정 섹터에만 투자하는 것도 가능합니다. 저마다 미래에 가장 유망하리라 판단하는 섹터가 있을 것입니다. 이런 상황에서 대표 시장 지수에 투자하게 되면, 투자자가 딱히 메리트가 없다고 판단하는 섹터와 종목들에까지 투자해야만 한다는 단점이 있습니다. 그래서 투자자가 관심 있는 분야에만 집중적으로 투자할 수 있도록 섹터 ETF들이 존재하는 것이죠. 일본 시장에도 미국의 다양한 섹터에 투자할 수 있는 ETF들이 상장되어 있습니다. 하나하나 꼼꼼하게 알아보죠.

기술주에 집중 투자하고 싶다면?

앞서 설명드린 나스닥100 지수를 추종하는 ETF로도 미국의 기술주에 투자할 수 있습니다. 하지만 100개나 되는 종목에 분산투자해야 한다는 점과 기술주가 아닌 소비재 기업 등에도 투자해야 하는 게 마음에 들지 않는 투자자도 있을 겁니다.

미래를 바꿀 빅테크 기업들에만 집중적으로 투자하고 싶은 분들을 위한 ETF를 소개해 드립니다. 바로 기술주 상위 20개만 모아 둔 2244 Global X US Tech Top 20 ETF입니다.

종목 수를 줄여 몇몇 종목에 집중 투자하게 되면 구성 종목들이 상승할 경우 폭발적인 수익률을 누릴 수 있습니다. 물론 반대로 하락 시에는 수백 개의 종목에 분산투자한 S&P500이나 나스닥100보다는 좀 더 큰 변동성에 노출되겠지만 말이죠. 그러한 변동성 리스크를 감수하더라도 미국 시장의 기술주에 좀 더 집중 투자를 하고 싶은 분들께 적합한 ETF입니다.

▎표 2-19. 2244 Global X US Tech TOP 20 ETF TOP 10 종목(2023년 10월 기준)

종목명	티커	특징	구성 비중
엔비디아	NVDA	AI, 자율주행 등에 필수적인 GPU 생산	8.19%
테슬라	TSLA	세계 최고의 자율주행 전기차 업체	7.94%
아마존	AMZN	전자상거래 및 클라우드 서비스 제공	7.83%
알파벳A	GOOGL	구글, 유튜브, 딥마인드 등의 지주사	7.61%
마이크로소프트	MSFT	세계 최대의 소프트웨어 회사	7.42%
애플	AAPL	아이폰, 맥으로 유명한 세계 시가총액 1위	7.28%
인튜이트	INTU	재무관리 솔루션을 제공하는 핀테크 업체	6.66%
핀둬둬	PDD	중국의 전자상거래 플랫폼 서비스 기업	6.48%
메타	META	세계 최대의 SNS 플랫폼 업체	6.44%
브로드컴	AVGO	유·무선통신 분야에 강한 반도체 기업	5.93%
TOP 10 합계 비중			71.78%

2244 Global X US Tech Top 20 ETF는 FactSet US Tech Top 20 Index를 기초 지수로 합니다. TOP 10 종목의 합계 비중이 무려 71.78%에 달합니다. 4차 산업혁명 시대를 이끌어 갈 세계적인 빅테크 기업들을 높은 비중으로 투자할 수 있는 상품인 셈이죠. 다만 미국 기업들에만 투자하고 싶은 분들께는 다소 꺼려질 만한 핀둬둬 같은 중국 주식도 포함되어 있습니다. 이 점 때문에 투자자들의 호불호가 갈릴 수도 있을 것 같습니다.

▌표 2-20. 2244 Global X US Tech Top 20 ETF(2023년 10월 기준)

2244 Global X US TECH TOP 20 ETF				환헤지 유무	X
주당 가격	1,379¥ (약 11,000원)	거래 단위	1주	시가총액	28억 ¥ (약 244억 원)
기초 지수	FactSet US Tech Top 20 Index			상장일	2023-04-11
운용 보수	0.4125%	배당률	–	배당 주기	–
상장 이후 주가 차트				최근 3개년 배당금 지급 내역	
				배당 기준일	지급 금액
				–	
연평균수익률	YTD	29.33%	최근 1개월	26.78%	최근 3개월	5.08%

미국 시장의 시가총액 상위주들에 집중 투자할 수 있다는 매력이 있음에도 불구하고, 아직 시가총액은 244억 원 수준에 불과합니다. 2023년 4월에 상장된 신생 ETF이다 보니 아직은 많은 투자자의

관심을 끌진 못한 모양입니다. 그럼에도 운용사인 Global X에서 시가총액이 작다는 단점이 느껴지지 않게끔 호가창을 꽤 촘촘하게 잘 관리해 주는 모습입니다.

상품설명서상에는 연 2회의 배당을 실시한다고 적혀 있는데, 실제로는 배당금이 지급되지 않은 것이 조금 특이합니다. 상장 초창기이다 보니 아직 여러모로 불완전한 모습입니다. 거기다 동일한 기초지수를 추종하는 다른 ETF도 없다 보니, 대략적인 연평균수익률을 추정하기도 힘듭니다. 여러모로 관련 데이터가 많이 부족하군요.

그림 2-11. 2244(파란색), 나스닥 종합지수(빨간색), S&P500 지수(초록색)의 최근 차트 비교
출처: 야후

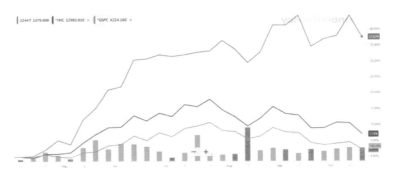

2244의 상장일 이후 수익률 흐름을 보면, 나스닥과 S&P500 지수의 수익률을 크게 상회하는 모습입니다. 집중 투자의 장점이 잘 드러나는 대목이네요. 다만 조정기에 어떤 움직임을 보여 주는지에 대한 데이터가 부족한 상황입니다. 괜찮은 선택지가 될 수 있는 ETF이지만, 조금 더 관찰이 필요할 것 같습니다.

미국 시장의 주가와 일본 시장 ETF의 움직임에는 왜 차이가 발생할까?

미국 시장에서는 주가가 내렸는데, 일본 시장의 ETF는 오히려 주가가 상승하는 경우가 있습니다. 그 반대의 경우들도 심심찮게 있고요.

미국 주식 ETF의 가격은 기초 지수의 종가에 실시간으로 움직이는 선물시장의 가격까지 반영되어 결정됩니다. 마찬가지로 미국 채권 ETF는 실시간으로 변동하는 채권금리의 영향을 받는 것이고요. 더불어 환노출 ETF라면 실시간 환율 변동까지도 주가에 반영되죠. 이 때문에 일본 시장의 미국 주식, 미국 채권, ETF 가격의 움직임이 이상하게 느껴질 때가 있는 것입니다.

이외에도 증시의 변동성이 커지면서 유동성 공급자LP가 적정 호가를 제출하지 못함에 따라 일시적으로 ETF 괴리율이 발생하기도 합니다.

미국 반도체 산업에 투자하기

4차 산업혁명의 쌀이라고도 불리는 반도체. 이 반도체를 생산하는 회사들에만 집중 투자할 수 있는 ETF도 있습니다. 2243 Global X Semiconductor ETF는 엔비디아, AMD, 인텔, 퀄컴 등 세계적인 반도체 기업 30곳에 투자합니다. PHLX Semiconductor Sector Index를 기초 지수로 추종하고 있어, 반도체 산업의 성장을 온전히 수익률로 누릴 수 있게끔 만들어졌습니다.

또한 미국 기업이 아닌 대만의 TSMC, 네덜란드의 ASML 같은 기업들도 구성 종목으로 포함되어 있습니다. 기업의 국적과 상관없이 미국 시장에 상장되어 있는 반도체 기업들 중 주요 기업들을 선별해서 투자하는 방식입니다. 즉 필라델피아 반도체 지수가 기준점이 되는 것이죠. 그런 점에서 우리나라에만 상장되어 있는 삼성전자나 하이닉스 같은 기업은 투자 대상에서 빠진다는 점이 다소 아쉽습니다.

2243 Global X Semiconductor ETF의 TOP 10 종목을 살펴볼까요? 종합 반도체, 팹리스, 파운드리, 반도체 장비 업체들이 골고루 포함되어 있습니다. 이런 반도체 기업 분류가 생소한 분들도 있을 것 같습니다. 그래서 반도체 기업들을 구분하는 단어를 간단하게 설명해 드리겠습니다.

종합 반도체 기업IDM, Integrated Device Manufacturer은 설계부터 생산까지의 반도체 공정을 모두 갖춘 기업을 말합니다. TOP 10에 포함된 인텔, 텍사스인스트루먼트, 마이크론 그리고 우리나라의 삼성전자, SK하이

| 표 2-21. 2243 Global X Semiconductor ETF TOP 10 종목(2023년 10월 기준)

종목명	티커	특징	구성 비중
인텔	INTC	종합 반도체	8.79%
AMD	AMD	팹리스	8.52%
브로드컴	AVGO	팹리스	8.18%
텍사스인스트루먼트	TXN	종합 반도체	7.78%
엔비디아	NVDA	팹리스	7.42%
TSMC	TSM	파운드리	4.32%
마이크론	MU	종합 반도체	4.25%
퀄컴	QCOM	팹리스	4.20%
KLA	KLAC	반도체 장비	4.08%
애널로그 디바이시스	ADI	반도체 장비	4.05%
TOP 10 합계 비중			61.59%

닉스가 여기에 속합니다. 반면 팹리스는 반도체 설계만 전문적으로 하는 기업입니다. 생산 설비인 팹Fab이 없기 때문에 팹리스Fabless라고 불리는 것이죠. 파운드리Foundry는 생산공정을 전담하는 기업들을 일컫습니다. 한마디로 팹리스 기업들의 생산 기지 역할을 수행하는 것이죠. 마지막으로 반도체 장비 회사들은 반도체 생산에 필요한 설비를 만듭니다. 일례로 반도체 기업들이 서로 탐내는 EUV 노광 장비를 만드는 ASML도 반도체 장비 회사에 속합니다.

2243의 경우 미국 시장의 반도체 산업을 주도하는 기업들에 집중적으로 투자할 수 있음에도 올해 4월에 상장했다 보니 시가총액은 320억 원대에 불과합니다. 그럼에도 매매하는 데 있어서는 큰 불편이 없도록 Global X의 LP가 호가창을 잘 관리해 주는 모습입니다.

▌표 2-22. 2243 Global X Semiconductor ETF(2023년 10월 기준)

2243 Global X Semiconductor ETF				환헤지 유무	X
주당 가격	1,192¥ (약 10,000원)	거래 단위	1주	시가총액	37억 ¥ (약 323억 원)
기초 지수	PHLX Semiconductor Sector Index			상장일	2023-04-11
운용 보수	0.4125%	배당률	–	배당 주기	연 2회(3월/9월)
상장 이후 주가 차트				최근 3개년 배당금 지급 내역	
				배당 기준일	지급 금액
				2023-09-24	2¥
연평균수익률	YTD	–	최근 1개월	-1.55%	최근 3개월	-4.58%

상품설명서상에는 연 2회의 배당을 실시한다고 되어 있고, 실제 올 하반기에 배당이 지급된 사실을 알 수 있습니다. 하지만 데이터가 부족해 정확한 시가배당률을 산출하기는 어렵습니다. 다만 같은 기초 지수를 추종하는 미국 시장의 SOXQ ETF의 연배당률이 1.06%인 걸로 보아 2243 Global X Semiconductor ETF 역시 이와 비슷하게 1% 초반대의 연배당률을 보여 줄 것으로 예상됩니다.

최근 수익률 데이터가 많이 부족하긴 하지만, 상장일 이후의 수익률을 나스닥과 S&P500 지수와 비교해 보았습니다. 초반에는 꽤나 엎치락뒤치락했지만, 최근에는 2243이 압도적으로 앞서는 모습입니다. 반도체 지수를 추종하는 미국 시장의 SOXX, SMH와 같은 ETF

그림 2-12. 2243(파란색), 나스닥 종합지수(빨간색), S&P500 지수(초록색)의 최근 차트 비교
출처: 야후

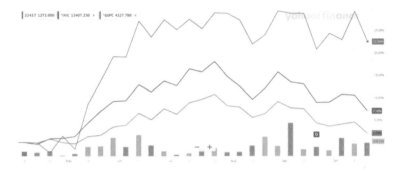

들도 수익률 측면에서는 시장 지수를 상회하는 때가 많습니다.

4차 산업혁명이 본격화되는 미래에는 상승 추세가 더 강해질 확률도 높아 보입니다. 그러나 반도체는 경기와 시장 수요의 영향을 크게 받는 산업이기 때문에, 주가 변동성 또한 매우 크다는 점에는 유의해야 합니다. 즉 주가가 오를 때도 강하게 오르지만, 하락할 때도 강하게 하락하는 특성을 반드시 이해한 후 투자에 임해야 하는 것입니다.

ETF 거래를 피해야 하는 시간대

ETF 거래를 피해야 하는 시간대가 있습니다. 이 시간대에는 유동성 공급자가 활동하지 않아 매수·매도 호가 사이에 큰 갭이 발생하기 때문입니다. 바로 개장 전 동시호가 시간, 거래소 개장 후 5분, 시장 마감 전 동시호가 시간 등이 이에 속합니다. 해외 주식의 경우 프리장, 애프터장, 주간 거래와 같은 시간대에도 이런 문제가 발생하곤 합니다.

굳이 이런 시간대를 일일이 외우기보단 매매 전에 호가창을 꼼꼼하게 확인하는 습관을 기르길 추천드립니다. 〈그림 2-13〉의 좌측 사진처럼 매수와 매도 호가 간에 비정상적인 갭이 벌어져 있는 시간대엔 거래를 자제하는 게 좋습니다. 가능한 한 우측의 사진처럼 호가창의 가격대가 촘촘하고 거래량이 많은 시간대에 거래해야 합니다. 그래야 원래 가치에 비해 너무 비싸게 매수하거나 너무 헐값에 매도하는 불상사를 막을 수 있습니다.

▎그림 2-13. 매수 매도 호가창, 정상적인 예와 비정상적인 예

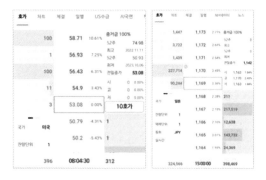

경제적 해자를 갖춘 미국 중소형 기업

이번에는 시장에서의 경쟁 우위를 갖춘 미국 중소형 주식 ETF를 소개해 드리겠습니다. 바로 2252 Global X Morningstar US Small Mid Moat ETF입니다. 이 ETF는 Morningstar® US Small-Mid Cap Moat Focus Index를 기초 지수로 하고 있습니다. 동일한 기초 지수를 추종하는 SMOT이라는 ETF가 미국 시장에 상장되어 있기도 하죠.

이 ETF의 상품명에도 들어가 있는 Moat는 해자를 뜻합니다. 중세시대의 성 밖에는 외부의 침입자를 막기 위해 물이 채워진, 깊고 넓은 도랑인 해자가 있었습니다. 이처럼 타 기업들이 해당 시장에 쉽사리 진입할 수 없게끔 하는 차별화된 진입 장벽을 경제적 해자라고 부릅니다. 이러한 경제적 해자를 가진 미국 중소형 기업들에 투자할 수 있는 상품인 거죠. 중소형 주식들은 대형주들에 비해서 변동성이 큰 편입니다. 상승할 때 폭발적으로 오르지만, 하락할 때도 그야말로 살벌하게 떨어지곤 하죠.

그래서 중소형 주식들의 경우에는 경제적 해자를 갖추었는지, 적정 밸류에이션에 부합하는 가격대인지를 꼼꼼히 살펴본 후 분산투자하는 것이 좋습니다. 문제는 본업을 가진 일반인 투자자가 관련 정보를 찾기도 어려운 중소형 주식을 꼼꼼히 분석하기란 현실적으로 매우 어렵다는 데 있습니다.

이런 어려운 작업을 대신해 주는 것이 바로 2252 Global X Morningstar US Small Mid Moat ETF입니다. 투자 전문가들이 엄선한 우량한 미국 중소형 주식들을 모아 놓았기 때문이죠.

│ 표 2-23. 2252 Global X Morningstar US Small Mid Moat ETF 섹터별 분포(2023년 10월 기준)

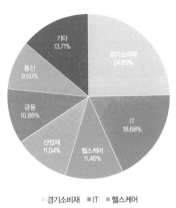

섹터	비중
경기소비재	24.63%
IT	18.68%
헬스케어	11.46%
산업재	11.04%
금융	10.88%
통신	9.60%
소재	5.23%
필수소비재	4.21%
에너지	2.97%
부동산	0.66%
유틸리티	0.64%

2252 Global X Morningstar US Small Mid Moat ETF의 섹터별 분포를 살펴볼까요? 경기소비재가 24.63%로 가장 비중이 크고, 뒤이어 IT, 헬스케어, 산업재, 금융, 통신순입니다. IT가 가장 큰 비중을 차지하는 S&P500·나스닥100 지수, 헬스케어가 가장 큰 비중을 차지하는 다우존스 지수와는 차별화되는 모습이군요.

2252 Global X Morningstar US Small Mid Moat ETF는 총 97개의 종목으로 구성되어 있습니다. TOP 10 종목을 보면 알 테지만, 한 종목의 구성 비중이 2%를 넘기지 않는 것이 특징입니다. 그래서 TOP 10 종목을 다 합해도 15.11%에 불과합니다. 시가총액에 따라 상위 종목에 집중 투자하는 보통의 ETF들과는 확연히 차이가 나는

종목명	티커	특징	구성 비중
윌리엄스-소노마	WSM	경기소비재	1.66%
보스턴 비어	SAM	필수소비재	1.56%
아이오니스 파마수티컬스	IONS	헬스케어	1.56%
HF 싱클레어	DINO	에너지	1.56%
젠텍스	GNTX	경기소비재	1.50%
에버코어	EVR	금융	1.48%
핀터레스트	PINS	IT	1.46%
워너뮤직그룹	WMG	산업재	1.45%
애즈버리 오토모티브 그룹	ABG	경기소비재	1.44%
도어대시	DASH	산업재	1.44%
TOP 10 합계 비중			15.11%

모습입니다. 한국 투자자들에게도 어느 정도 익숙한 워너뮤직그룹, 도어대시, 핀터레스트 같은 기업들도 보이지만, 상당수는 다소 생소한 기업들로 구성되어 있다는 것도 이 ETF의 특징입니다.

2023년 7월에 상장한 ETF이다 보니 아직 시가총액은 30억 원대로 아주 작습니다. 물론 LP가 호가창을 비교적 잘 관리해 주고 있긴 합니다. 다소 아쉬운 면이 있음에도 주당 가격이 8,000원대로 아주 저렴한 데다 거래 단위까지 1주라서 소액으로도 매매가 가능하다는 장점이 있습니다.

연 2회 배당을 하는 ETF이지만, 최근에 상장했다 보니 실제 배당은 아직 1회밖에 실시되지 않았네요. 동일한 기초 지수를 추종하는 SMOT ETF의 연배당률이 0.24%이기 때문에, 이 ETF도 비슷한 수준

▎표 2-25. 2252 Global X Morningstar US Small Mid Moat ETF(2023년 10월 기준)

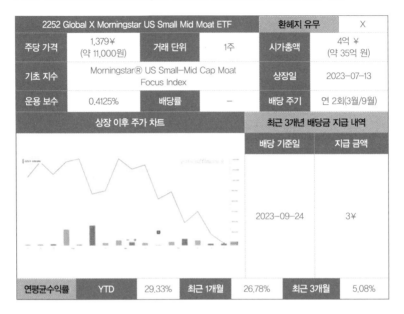

2252 Global X Morningstar US Small Mid Moat ETF				환헤지 유무	X
주당 가격	1,379¥ (약 11,000원)	거래 단위	1주	시가총액	4억 ¥ (약 35억 원)
기초 지수	Morningstar® US Small-Mid Cap Moat Focus Index			상장일	2023-07-13
운용 보수	0.4125%	배당률	-	배당 주기	연 2회(3월/9월)
상장 이후 주가 차트				최근 3개년 배당금 지급 내역	
				배당 기준일	지급 금액
				2023-09-24	3¥
연평균수익률	YTD	29.33%	최근 1개월	26.78%	최근 3개월	5.08%

의 배당률을 보일 것으로 추정됩니다.

최근 급격한 금리 인상으로 인해 중소형주들이 특히나 더 어렵다
보니, 상장 이후의 수익률은 좋지 못한 모습입니다. 하지만 고금리의
부담이 줄어들면 경제적 해자를 갖춘 중소형 주식들이 크게 상승할
가능성이 있기에, 유심히 지켜볼 필요가 있습니다. 아직 상장 이후의
데이터가 너무 적어서 시장 대표 지수와의 수익률 비교는 생략하도
록 하겠습니다.

배당 기준일, 배당락일, 배당 지급일이란?

본 책에서는 지면의 한계로 각 ETF 설명 시 배당 기준일만을 설명 드리고 있습니다. 그런데 배당금을 중시하는 분이라면, 배당 기준일뿐만 아니라 배당락일과 배당 지급일의 개념에 대해서도 이해해야 합니다.

(1) 배당 기준일 Record Date

주주명부의 기준이 되는 날로 배당 기준일에 주식 또는 ETF를 보유 하고 있으면 배당금을 지급받을 수 있습니다. 주식을 매수하면 2영업일 후 주주명부에 등재되기 때문에, 이 배당 기준일의 2영업일 전까지 매 수·보유해야만 배당 지급 대상이 됩니다.

(2) 배당락일 Ex-Dividend Date

배당을 받을 권리가 사라진 날을 뜻합니다. 따라서 배당락일 직전 영업일까지 해당 주식 또는 ETF를 매수해야만 배당금을 받을 수 있습 니다. 참고로 배당락일에는 배당 금액에 상응하는 수준으로 주가가 하 락하는 경우가 많습니다.

(3) 배당 지급일 Pay Date

실제 배당금이 지급되는 날입니다. 배당 기준일 다음 달 중 하루라 고 생각하면 됩니다. 보통 해외 주식의 경우 현지 배당 지급일과 국내 증권사의 실제 지급일 사이에는 며칠의 간극이 발생합니다. 증권사별 로 업무 처리 속도가 다르기 때문에, 같은 주식이나 ETF라고 하더라도 실제 배당 지급일이 다른 경우가 종종 있습니다.

그림 2-14. 2621 iShares 20+ Year US Treasury Bond JPY Hedged ETF 배당 일정

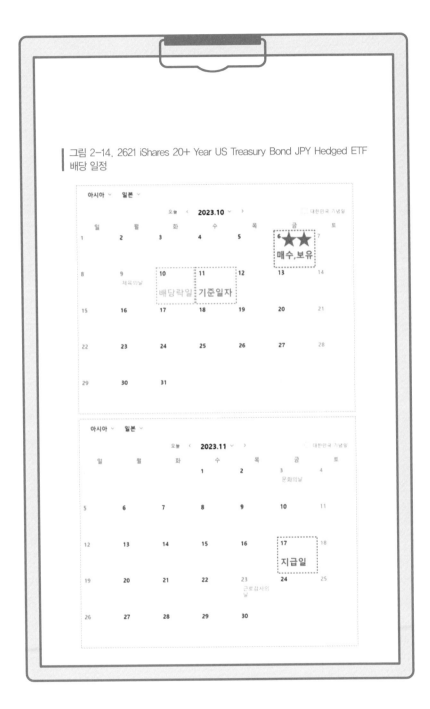

글로벌 자율주행·전기차 산업에 투자하기

　기존 자동차 산업의 패러다임을 완전히 바꿀 것으로 기대되는, 자율주행·전기차 분야에 집중적으로 투자할 수 있는 ETF입니다. 2867 Global X Autonomous & EV는 Solactive Autonomous & Electric Vehicles Index를 기초 지수로 추종하며, 자율주행·전기차 분야의 글로벌 기업 76곳을 담고 있는 ETF입니다. 미국 기업의 비중이 50%가 넘지만 일본, 중국, 캐나다, 독일 등 다양한 국가의 기업들이 포함되어 있습니다. 우리나라의 현대·기아차, LG에너지솔루션도 구성 종목에 작게나마 포함되어 있습니다.

　해당 산업의 글로벌 공급망을 구성하고 있는 각국의 주요 기업들을 한데 모아 놓은 ETF라고 보면 됩니다. 완성차, 전기차 부품, 관련

▎ 표 2-26. 2867 Global X Autonomous & EV ETF 국가별 분포(2023년 10월 기준)

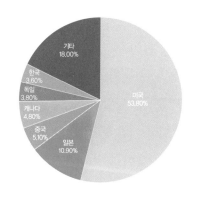

국가	비중
미국	53.80%
일본	10.90%
중국	5.10%
캐나다	4.80%
독일	3.80%
한국	3.60%
호주	2.80%
네덜란드	2.80%
영국	2.70%
프랑스	2.20%
아일랜드	1.40%
기타	6.10%

원자재, 자율주행 핵심 기술에서 선두를 달리고 있는 기업들을 ETF 하나로 모두 투자할 수 있는 것입니다. 미래의 주도 산업으로 주목받는 분야다 보니, 동일한 기초 지수를 추종하는 ETF가 미국(DRIV), 한국(394660)에도 상장되어 큰 인기를 얻고 있습니다.

▌표 2-27. 2867 Global X Autonomous & EV ETF TOP 10 종목(2023년 10월 기준)

종목명	티커	특징	구성 비중
알파벳A	GOOGL	AI·자율주행(웨이모) 분야 세계 최고 기술력	3.82%
토요타자동차	7203	일본 시가총액 1위의 완성차 업체	3.57%
엔비디아	NVDA	자율주행 구현에 필수적인 GPU 생산	3.41%
애플	AAPL	애플카를 통한 애플 생태계 확장	3.41%
인텔	INTC	반도체칩·자율주행 자회사 모빌아이	3.11%
테슬라	TSLA	세계 최고의 자율주행 전기차 업체	2.88%
퀄컴	QCOM	미국을 대표하는 팹리스 반도체 기업	2.73%
허니웰	HON	자율주행차 통합 보안 솔루션 제공	2.71%
마이크로소프트	MSFT	자율주행 두뇌 역할인 클라우드 분야의 강자	2.49%
혼다자동차	7267	모터사이클 세계 1위의 모빌리티 기업	1.97%
TOP 10 합계 비중			30.10%

2867 Global X Autonomous & EV ETF의 TOP 10 종목을 살펴보겠습니다. 전체 종목의 국가별 비중에는 다양한 나라가 이름을 올렸으나, TOP 10 종목만 뜯어 보면 미국 기업 8곳과 일본 기업 2곳의 이름만이 보이는군요. 대부분의 투자자들이 그 이름을 알고 있을 만한 기업들로 알차게 구성되어 있음을 알 수 있습니다. 미래에 자율주행 전기차 시장이 폭발적으로 성장하게 되면, 그 수혜를 톡톡히 입

을 것으로 기대되는 기업들입니다.

우리나라 투자자들의 경우 테슬라, 국내 2차 전지·완성차 기업 등에만 집중적으로 투자하는 경우가 많습니다. 이들 기업이 다가올 자율주행 전기차 시장에서 최종 승자가 된다면야 폭발적인 수익률을 올릴 수 있을 테지만, 해당 산업이 성장한다고 해서 집중 투자한 기업도 반드시 승자가 되리라는 보장은 어디에도 없습니다. 물론 뛰어난 전문 투자자의 경우 많은 시간과 노력을 들여서 최종 승자가 될 기업을 가려내 큰 수익을 얻곤 합니다. 하지만 그럴 역량과 시간이 모두 부족한 개인 투자자는 ETF를 활용해 글로벌 자율주행 전기차 산업 전반에 투자하는 것이 좋은 성과를 내는 데 보다 유리해 보입니다.

▎표 2-28. 2867 Global X Autonomous & EV ETF(2023년 10월 기준)

2867 Global X Autonomous & EV ETF				환헤지 유무	X
주당 가격	1,379¥ (약 11,000원)	거래 단위	1주	시가총액	3억 ¥ (약 27억 원)
기초 지수	Solactive Autonomous & Electric Vehicles Index			상장일	2022-11-04
운용 보수	0.704%	배당률	0.70%	배당 주기	연 2회(3월/9월)
상장 이후 주가 차트				최근 3개년 배당금 지급 내역	
				배당 기준일	지급 금액
				2023-09-24	5¥
				2023-03-24	2¥
연평균수익률	YTD	19.13%	최근 1개월	-9.01%	최근 3개월	-16.50%

자율주행 전기차 시대를 앞둔 시기임에도 불구하고 상장한 지 그리 오래되지 않아 시가총액이 아주 작은 편에 속합니다. 여러 국가의 기업들에 투자하다 보니 운용 보수도 0.704%로 다소 비싼 편입니다. 하지만 동일한 기초 지수를 추종하는 미국 ETF(DRIV)의 시가총액이 9000억 원에 이르고, 한국 시장에 상장된 TIGER 글로벌자율주행&전기차 SOLACTIVE도 시가총액이 3000억 원에 달합니다. 그래서 시간이 좀 더 지나면 일본 시장에서도 많은 투자자의 관심을 받을 수 있을 만한, 잠재력이 충분한 ETF라고 생각합니다.

그림 2-15. 2867(파란색), 나스닥 종합지수(빨간색), S&P500 지수(초록색)의 최근 차트 비교
출처: 야후

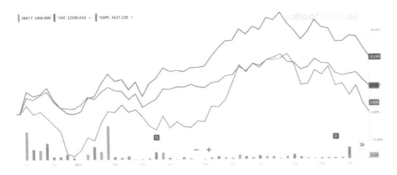

누적수익률 데이터가 부족하긴 하지만, 상장 이후 2867 Global X Autonomous & EV ETF와 나스닥 종합지수, S&P500 지수와 수익률을 비교해 보았습니다. 최근 이어진 글로벌 시장의 자율주행 및 전기차 관련 주가의 깊은 조정으로 인해, 시장수익률을 하회하는 모습을 보여 주고 있습니다. 이렇듯 최근 수익률은 다소 아쉬운 모습이지만,

해당 산업의 장기적인 성장성을 믿는 분들껜 오히려 좋은 매수 기회가 아닐까 하는 생각이 드네요.

기술주 투자 vs. 배당주 투자

기술주 투자와 배당주 투자는 추구하는 목표에 있어 확연한 차이가 있습니다. 기술주는 성장과 재투자에 집중하기 때문에, 배당금을 지급하지 않거나 적게 지급하는 경우가 많습니다. 대신 향후 성장에 따른 폭발적인 주가 상승을 기대해 볼 수 있죠. 반면 배당주는 주주에게 정기적으로 높은 수준의 배당금을 지급하기 때문에, 안정적인 현금 흐름을 만들고자 할 때 유용하게 활용할 수 있습니다. 기술주에 반해 상대적으로 주가 변동성이 적은 것은 장점이지만, 그만큼 폭발적인 주가 상승을 기대하기 어렵다는 단점도 있죠.

둘 중 어떤 투자가 더 낫다고 말할 순 없습니다. 그저 애초에 추구하는 방향과 목표가 다를 뿐이니까요. 보통은 정기적인 소득이 있어 높은 변동성을 견딜 수 있는 청년층은 기술주를, 노후 대비를 위한 현금 흐름이 중요한 중장년층은 배당주를 선호하는 경향이 있습니다. 사실 기술주와 배당주를 적절한 비중으로 모두 보유함으로써 균형 있는 투자 포트폴리오를 구성하는 것이 가장 이상적이긴 합니다. 하지만 이는 어디까지나 일반적인 이론일 뿐, 각자의 성향에 따라 투자 방향을 결정하면 됩니다.

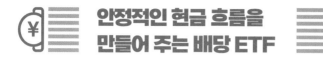

안정적인 현금 흐름을 만들어 주는 배당 ETF

미국 부동산에 투자하고 싶다면?

이번에는 정기적으로 나오는 부동산 임대 수익을 손쉽게 얻는 방법을 알아보려고 합니다. 그것도 그저 그런 부동산이 아닌, 미국의 우량 부동산에서 나오는 임대 수익을 말이죠.

과거엔 건물주가 되는 것은 거액의 자산가들에게나 가능한 일이었습니다. 거기다 국내도 아닌 미국의 부동산에 투자한다는 건 사실상 불가능한 일이었죠. 하지만 세상이 참 많이 좋아졌습니다. 미국의 우량 부동산에 투자하는 리츠 ETF를 활용한다면, 소액으로도 배당금 형태로 임대 수익을 받는 건물주가 될 수 있으니까 말이죠.

그리고 리츠 ETF를 통해 건물주가 되면, 부동산 관리 노하우를 갖춘 기업들이 모든 귀찮은 일을 대신해 줍니다. 건물 관리를 할 필요가 없고, 임차인별 계약 기간을 챙겨야 할 일도 없고, 악성 임차인에게 월세 독촉을 할 필요도 없습니다. 거기다 장기적으로 시세 차익을 얻을 수 있는 데다, 주식시장을 통해 거래되기 때문에 현금화도 쉽습니다. 잘만 활용한다면 직접 건물을 사서 관리하는 것보다 훨씬 효율적으로 현금 흐름을 창출할 수 있는 것이 바로 이 부동산 리츠 ETF입니다.

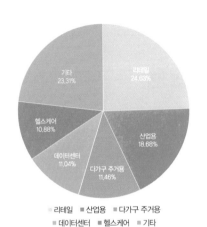

▌표 2-29. 1659 iShares US REIT ETF 리츠 종류별 분포(2023년 10월 기준)

리츠 종류	비중
리테일	24.63%
산업용	18.68%
다가구 주거용	11.46%
데이터센터	11.04%
헬스케어	10.88%
기타 전문	9.60%
셀프 스토리지	5.23%
단독 주택	4.21%
오피스 리츠	2.97%
호텔&리조트	0.66%
기타	0.64%

개인이 힘들게 자산을 모아 건물주가 된다고 하더라도, 해당 건물은 특정 용도로만 쓰일 가능성이 높습니다. 이러한 문제로 인해 해당 상권이 죽거나 트렌드의 변화에 따라가지 못해 큰 빚더미에 앉게 되는 리스크가 존재합니다. 주식에서의 집중 투자 시 리스크가 부동산에서도 똑같이 적용되는 것이죠.

하지만 1659 iShares US REIT ETF의 경우 다양한 종류의 리츠에 분산투자되어 있습니다. 앞서 말씀드렸던 리스크를 상당폭 줄일 수 있는 것이죠. 또한 리츠 기업들은 여러 주주들의 자본을 모아 해당 영역에서 가장 우량한 부동산들을 집중적으로 매수합니다. 일례로 개인이 아무리 열심히 돈을 모은다고 해도 뉴욕 맨해튼의 우량 부동산을 사기란 쉽지 않은 일이지만, 리츠 ETF를 활용한다면 너무나 손쉽게 가능한 일이 됩니다.

▌표 2-30. 1659 iShares US REIT ETF TOP 10 종목(2023년 10월 기준)

종목명	티커	특징	구성 비중
프로로지스	PLD	물류창고 리츠 기업	10.37%
이퀴닉스	EQIX	데이터센터 리츠	7.58%
웰타워	WELL	헬스케어 리츠 기업	4.66%
퍼블릭 스토리지	PSA	물품 보관 리츠 기업	4.22%
디지털 리얼티	DLR	데이터센터 리츠	4.07%
사이먼 프로퍼티	SPG	아울렛 쇼핑몰 리츠	3.89%
리얼티인컴	O	상업용 부동산 리츠	3.78%
비치 프라퍼티스	VICI	카지노 리츠 기업	3.12%
아발론베이 커뮤니티	AVB	고급 아파트 중심 리츠	2.68%
엑스트라 스페이스	EXR	물품 보관 리츠 기업	2.48%
TOP 10 합계 비중			46.85%

1659 iShares US REIT ETF의 TOP 10 종목을 살펴보겠습니다. 물류, 데이터센터, 헬스케어, 물품 보관, 아울렛, 상업용 부동산, 카지노, 고급 아파트 등 다양한 분야의 부동산 리츠에 투자하고 있는 것을 알 수 있습니다. 글로벌 물류 리츠 1위인 프로로지스가 가장 높은 비중을 차지하고 있고, 클라우드 서비스 성장의 수혜를 받고 있는 이퀴닉스가 그다음가는 비중으로 포함되어 있습니다. 국내 투자자들에게 익숙한 상업용 부동산 리츠인 리얼티인컴도 TOP 10 종목에 이름을

| 표 2-31. 1659 iShares US REIT ETF(2023년 10월 기준)

1659 iShares US REIT ETF			환헤지 유무	X
주당 가격	2,532¥ (약 22,000원)	거래 단위	1주	시가총액	85억 ¥ (약 741억 원)
기초 지수	FTSE Nareit Equity REITs (TTM JPY) Index – Total Return		상장일	2017-09-27
운용 보수	0.22%	배당률	3.05%	배당 주기	연 4회 (2월/5월/8월/11월)

상장 이후 주가 차트	최근 3개년 배당금 지급 내역	
	배당 기준일	지급 금액
	2023-08-09	12¥
	2023-05-09	12¥
	2023-02-09	23¥
	2022-11-09	29¥
	2022-08-09	9¥
	2022-05-09	10¥
	2022-02-09	44¥
	2021-11-09	8¥
	2021-08-09	11¥
	2021-05-09	11¥
	2021-02-09	13¥

| 연평균수익률 | YTD | 4.84% | 최근 1년 | -2.43% | 최근 3년 | 16.17% |

올리고 있군요.

1659 iShares US REIT ETF 주당 가격은 2만 원 초반대인 데다 1주 단위로 거래할 수 있습니다. 시가총액은 740억 원대로 그리 큰 편은 아니지만, 원활히 매매하는 데는 전혀 지장이 없는 규모입니다. 연 4회의 배당을 실시하고 있고, 3.05%의 시가배당률을 보여 주고 있습니다. 같은 기초 지수를 추종하는 미국 시장의 USRT ETF의 배당률이 3.85%인 것을 감안하면, 이러한 배당률의 괴리는 향후 어느 정도 좁혀질 가능성이 높습니다.

1659 iShares US REIT ETF의 상장 이후 수익률을 나스닥 종합지수와 S&P500과 비교해 보면, 시장수익률을 하회하는 모습을 볼 수 있습니다. 높은 배당률로 꾸준한 현금 흐름을 제공하는 대신, 주가 자체의 수익률은 다소 부진한 모습입니다. 거기다 최근 불거진 미국 상업용 부동산 위기론에 의해 리츠 주식들이 전반적으로 침체됨에 따라 수익률 격차가 더욱 커진 모습입니다. 하지만 수량을 모아 가려는 분들께는 오히려 좋은 매수 기회가 될 수도 있는 만큼, 유심히 지켜볼 필요가 있는 ETF입니다.

미국 우선주 투자로 매월 고배당금 받는 방법

미국의 우선주에 투자함으로써 높은 월 배당금을 확보하는 방법도 알아보겠습니다.

주식은 의결권 유무에 따라서 보통주와 우선주로 나뉘게 됩니다. 보통주는 주주로서의 의결권을 행사할 수 있는 데 반해, 우선주는 의결권을 포기하는 대신 보통주보다 높은 배당률을 인정받습니다. 대표적으로 우리나라 시장의 삼성전자와 삼성전자우도 이에 속하죠.

일반적으로는 보통주가 주식 발행량과 거래량이 훨씬 많습니다. 그래서인지 대부분의 개인 투자자들은 우선주보다는 보통주에 투자합니다. 그러나 개인 투자자가 기업의 의결권을 유의미하게 행사하는 일이 과연 있을까요? 거의 없다고 볼 수 있습니다. 주주총회에 참석해 의결권을 행사한다고 하더라도, 대주주에 비해 극히 미미한 수준의 목소리를 낼 수밖에 없는 구조이기 때문입니다. 따라서 수익률이 가장 중요한 개인 투자자라면 의결권 대신 이익배당에 있어서 우선 순위를 점하는 우선주에도 관심을 가져 볼 필요가 있지 않을까요?

▌표 2-32. 2866 Global X U.S. Preferred Security ETF TOP 10 종목(2023년 10월 기준)

종목명	구성 비중
웰스파고 우선주(WFCPL)	3.91%
뱅크오브아메리카 우선주(BACPL)	2.77%
시티그룹 우선주(CPN)	2.36%
JP모건 우선주(JPMPC)	1.64%
JP모건 우선주(JPMPD)	1.45%
넥스트에라 에너지 우선주(NEEPR)	1.36%
웰스파고 우선주(WFCPZ)	1.32%
JP모건 우선주(JPMPL)	1.30%
JP모건 우선주(JPMPM)	1.30%
AT&T 우선주(TPRC)	1.20%
TOP 10 합계 비중	18.61%

2866 Global X U.S. Preferred Security ETF는 구성 종목 80% 이상이 금융주로 구성되어 있습니다. TOP 10 종목들만 보아도 넥스트에라 에너지와 AT&T를 제외하면 모두 미국을 대표하는 금융주인 것을 알 수 있죠. 적극적인 주주 환원으로 유명한 미국 금융주들로 고배당을 받을 수 있게끔 설계된 상품입니다. 참고로 미국의 우선주는 금리, 만기일 등에 따라 같은 회사라고 해도 여러 시리즈로 나누어져 있습니다.

┃ 표 2-33. 2866 Global X U.S. Preferred Security ETF(2023년 10월 기준)

2866 Global X U.S. Preferred Security ETF				환헤지 유무	X
주당 가격	898¥ (약 7,900원)	거래 단위	1주	시가총액	57억 ¥ (약 497억 원)
기초 지수	ICE BofA Diversified Core U.S. Preferred Securities Index			상장일	2022-09-28
운용 보수	0.2575%	배당률	6.68%	배당 주기	연 12회(매월)

상장 이후 주가 차트	최근 3개년 배당금 지급 내역	
	배당 기준일	지급 금액
	2023-10-10	5¥
	2023-09-10	5¥
	2023-08-10	4¥
	2023-07-10	5¥
	2023-06-10	4¥
	2023-05-10	4¥
	2023-04-10	4¥
	2023-03-10	4¥
	2023-02-10	4¥
	2023-01-10	4¥
	2022-12-10	4¥
	2022-11-10	8¥

연평균수익률	YTD	8.92%	최근 3개월	-1.44%	최근 1년	-1.46%

2866 Global X U.S. Preferred Security ETF는 주당 가격이 약 7,900원대로 아주 저렴한 데다 1주 단위로 거래할 수 있습니다. 시가 총액은 497억 원대로 다소 작지만, 매매에는 지장이 없게끔 호가창이 잘 관리되고 있는 모습입니다. 매월 배당을 실시하고 있고, 무려 6.68%의 배당률을 보여 주고 있습니다. 동일한 기초 지수를 추종하는 미국 시장의 PFFD ETF의 배당률이 7.16%인 것을 감안하면, 향후 배당률이 조금 더 높아질 가능성도 있습니다.

그림 2-17. 2866(파란색), 나스닥 종합지수(빨간색), S&P500 지수(초록색)의 최근 차트 비교
출처: 야후

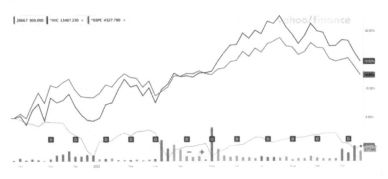

그러나 높은 배당률에 비해 최근 수익률 비교에 있어선 상당히 아쉬운 모습을 보여 주네요. 미국 시장수익률을 크게 하회하는 모습입니다. 매월 지급되는 고배당은 분명 매력적이지만, 주가 자체의 수익률이 너무나도 부진합니다. 그래서 2866 Global X U.S. Preferred Security ETF는 일반적인 경우에는 매수하기에 부적합한 상품입니다. 하지만 가격이 크게 폭락하는 때가 온다면, 포트폴리오 배분 차

원에서 일부는 담아 볼 만합니다. 가격이 크게 폭락한 시기에 매수한다면, 매월 나오는 고배당으로 현금 흐름을 크게 개선할 수 있기 때문입니다. 워런 버핏이 뱅크오브아메리카를 가격이 폭락하던 시기에 매수한 후, 애플 다음가는 비중으로 보유 중인 것도 이러한 이유 때문입니다. 수익률뿐만 아니라 안정적인 현금 흐름도 투자에 있어서 중요한 요소인 만큼 인내심을 갖고 지켜볼 필요가 있습니다.

25년 이상 배당금을 꾸준히 늘려 온 S&P500 배당귀족주

미국의 대표 시장 지수인 S&P500 종목들 중에서 25년 이상 배당금을 꾸준히 늘려 온, 소위 배당귀족주에만 투자하는 방법도 있습니다. S&P500 지수에 들어 있는 탄탄한 회사들 중에서도 배당금을 통한 주주 환원에 오랫동안 진심이었던 곳들을 추려 담은 Global X S&P500 Dividend Aristocrats ETF가 있기 때문이죠. 환헤지와 환노출 두 종류로 일본 시장에 상장되어 있습니다.

배당금을 기준으로 종목을 선별하다 보니, 빅테크 업체들이 큰 비중으로 포진해 있던 S&P500 지수와는 꽤 다른 구성입니다. 산업재, 필수소비재, 헬스케어, 금융, 소재 등이 상위권에 포진해 있고, IT는 가장 낮은 비중으로만 들어가 있습니다. 빅테크 기업들의 경우 배당보다는 재투자를 통한 성장에 집중하고, 배당보다는 자사주 소각

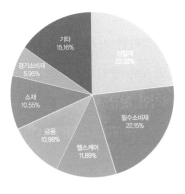

섹터	비중
산업재	23.32%
필수소비재	22.15%
헬스케어	11.89%
금융	10.98%
소재	10.55%
경기소비재	5.95%
부동산	4.19%
유틸리티	4.13%
에너지	3.56%
IT	3.28%
통신	0.00%

Retirement of Shares[8]을 통해 주주 환원을 하는 경우가 많습니다. 이러한 점 때문에 빅테크 기업은 25년 이상 배당을 늘려 온 배당귀족주에 포함되기는 어렵습니다.

S&P500 배당귀족 ETF의 TOP 10 종목들만 보아도 이러한 특징이 명확하게 드러납니다. 최근 시장을 주도하는 빅테크들 대신, 오랜 전통을 가진 다양한 업종의 기업들이 포진해 있습니다. IT 섹터에 해당하는 업체들도 에머슨 일렉트릭, IBM처럼 빅테크와는 거리가 멉니다. 총 67개의 종목을 1%대로 비교적 균일한 수준으로 담고 있다는 점도 S&P500 Dividend Aristocrats ETF 특징입니다.

---

8) 회사가 자사의 주식을 취득한 후 소각함으로써, 발행주식수를 줄여 1주당 가치를 높이는 기법입니다. 배당금 지급과 더불어 대표적인 주주 환원책으로 꼽힙니다.

▌표 2-35. S&P500 배당귀족 TOP 10 종목(2023년 10월 기준)

종목명	티커	섹터	구성 비중
엑손모빌	XOM	에너지	1.84%
애플랙	AFL	금융	1.75%
캐터필러	CAT	산업재	1.74%
에머슨 일렉트릭	EMR	IT	1.73%
쉐브론	CVX	에너지	1.72%
애브비	ABBV	헬스케어	1.72%
처브	CB	금융	1.71%
제너럴 다이내믹스	GD	산업재	1.68%
IBM	IBM	IT	1.66%
오토매틱 데이터 프로세싱	ADP	산업재	1.66%
TOP 10 합계 비중			17.21%

▌표 2-36. 2095 Global X S&P500 Dividend Aristocrats ETF JPY Hedged(2023년 10월 기준)

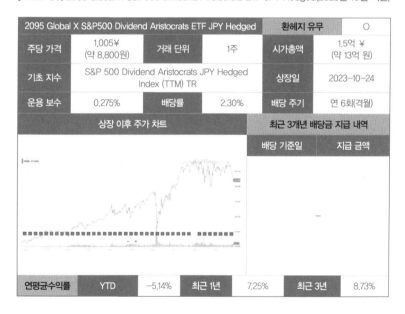

2095 Global X S&P500 Dividend Aristocrats ETF JPY Hedged				환헤지 유무	O
주당 가격	1,005¥ (약 8,800원)	거래 단위	1주	시가총액	1.5억 ¥ (약 13억 원)
기초 지수	S&P 500 Dividend Aristocrats JPY Hedged Index (TTM) TR			상장일	2023-10-24
운용 보수	0.275%	배당률	2.30%	배당 주기	연 6회(격월)
상장 이후 주가 차트			최근 3개년 배당금 지급 내역		
				배당 기준일	지급 금액
				—	
연평균수익률	YTD	−5.14%	최근 1년	7.25%	최근 3년	8.73%

환헤지된 2095 Global X S&P500 Dividend Aristocrats ETF JPY Hedged부터 살펴보겠습니다. 2023년 10월에 상장한 따끈따끈한 ETF다 보니, 시가총액도 매우 작고 최근 수익률 같은 기본적인 데이터도 아주 부족한 상황입니다. 배당 주기는 연 6회로 예정되어 있습니다. 배당률은 동일한 기초 지수를 추종하는 미국의 NOBL ETF를 근거로 추정 시 연 2.30% 수준으로 지급될 것으로 보입니다.

마찬가지로 NOBL ETF의 연평균수익률을 기준으로 보면, YTD −5.14%, 최근 3년 7.25%, 최근 5년 8.73%의 수익률을 보여 주었을 것으로 추정됩니다. 동일한 기초 지수를 추종하는 ETF가 미국 시장에서 성공적으로 운영되고 있듯이, 2095 Global X S&P500 Dividend Aristocrats ETF JPY Hedged도 충분한 시간만 주어진다면 달러/엔

▍표 2-37. 2236 Global X S&P500 Dividend Aristocrats ETF(2023년 10월 기준)

2236 Global X S&P500 Dividend Aristocrats ETF				환헤지 유무	X
주당 가격	1,043¥ (약 9,100원)	거래 단위	1주	시가총액	34억 ¥ (약 297억 원)
기초 지수	S&P 500 Dividend Aristocrats			상장일	2023-01-11
운용 보수	0.3025%	배당률	2.30%	배당 주기	연 6회(격월)
상장 이후 주가 차트				최근 3개년 배당금 지급 내역	
				배당 기준일	지급 금액
				2023-09-24	3¥
				2023-07-24	3¥
				2023-05-24	3¥
				2023-03-24	2¥
연평균수익률	YTD	−	최근 1개월	−3.52%	최근 1년	−5.69%

환율이 높은 시기에 활용할 수 있는 좋은 투자 도구가 될 것으로 보입니다.

환노출된 2236 Global X S&P500 Dividend Aristocrats ETF도 살펴보겠습니다. 2095와 마찬가지로 2023년에 상장해 관련 데이터가 많이 부족한 상황입니다. 다만 9개월가량 먼저 상장한 만큼, 시가총액은 약 297억 원대네요. 운용 보수는 2095보다 미세하게 높은 편입니다.

배당률이나 배당 주기는 큰 차이가 없을 것으로 보입니다. 지금까지 총 4회의 배당금이 지급되었는데, 소폭이나마 배당금이 증가하는 추세입니다. 배당금 투자 시에는 단순히 배당률이 높은 상품을 고르기보다는 배당성장률을 고려해야 합니다. 그런 측면에서 볼 때 S&P500 배당귀족 ETF를 꾸준히 모아 간다면, 향후 배당금을 통한 현금 흐름을 만들 수 있을 것으로 보입니다.

그림 2-18. NOBL(파란색), 나스닥 종합지수(빨간색), S&P500 지수(초록색)의 상장 이후 차트 비교
출처: 야후

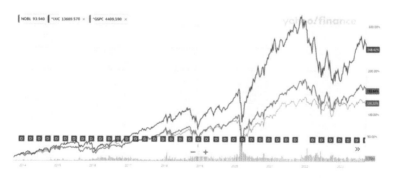

NOBL과 나스닥 종합지수, S&P500 지수의 수익률을 비교해 보았습니다. 최근 몇 년간의 시장을 주도해 온 빅테크가 빠져 있다 보니 나스닥에 비해선 확연히 저조한 수익률을 보여 주네요. S&P500 지수와는 2020년 무렵까지는 비슷한 수익률을 보여 주었으나 그 이후로는 상대적으로 조금 부진한 모습입니다. 총수익률 측면에서도 대표 시장 지수보다 좋지 않습니다. 그럼에도 변동성을 줄이면서 정기적인 현금 흐름을 만드는 것이 중요한 투자자에게는 유용하게 활용 가능한 ETF라고 볼 수 있습니다.

미국 대표 지수를 활용한 커버드 콜 배당 전략

최근 배당금을 통한 현금 흐름을 만들기 위해 커버드 콜Covered-Call ETF를 활용하는 분이 많습니다. 미국 시장의 JEPI, QYLD, TLTW 같은 커버드 콜 ETF들의 인기가 높아진 것에서 이를 실감할 수 있죠. 커버드 콜이 주목받는 이유를 알기 위해선 우선 그 개념부터 이해해야 합니다.

커버드 콜이란 주식을 매수하면서, 해당 주식을 특정 가격에 살 수 있는 권리인 콜옵션을 매도하는 방식을 말합니다. 이를 통해 ETF의 가격이 일정 범위 안에서 움직이게끔 변동성을 줄이고, 시세 차익과 콜옵션 프리미엄을 배당금 형태로 투자자에게 돌려주는 것입니다. 하락장이나 횡보장에서는 손실을 제한하는 효과가 있지만, 상승장에서의 상승 폭을 제한시킨다는 단점도 있습니다.

좀 더 이해하기 쉽게끔 예시를 들어 보겠습니다. 제가 A 주식을 100만 원에 매수한 상황에서 추가적인 주가 상승을 예측하고 1개월 후에 130만 원—콜옵션 행사 가격—에 판매하고 싶어 한다고 가정해 봅시다. 이때 한 매수 희망자가 나타나서 계약금 3만 원(프리미엄)을 냈습니다. 이때 계약금은 계약 성사 여부와 상관없이 모두 제가 갖는 돈입니다. 매수 희망자는 이 계약금을 낸 대가로 1개월 뒤에 매수할지 여부를 결정할 수 있는 권리를 갖게 되죠.

자, 이제 약속한 1개월 뒤가 되었습니다. 만약 예상과 달리 A 주식의 주가가 110만 원이라면 매수 희망자는 계약금 3만 원만 손해 보고서 콜옵션의 권리 행사를 포기하는 것이 손실을 제한할 수 있기에 이득입니다. 이 경우 저는 110만 원으로 상승한 주식과 3만 원의 계약금을 얻게 되죠. 반대로 주가가 140만 원이 되었다면 매수 희망자는 콜옵션의 권리를 행사하려고 할 것입니다. 그렇게 되면 저는 140만 원-(130만 원+3만 원)이라는 계산식에 따라 7만 원의 손실을 보게 됩니다.

▍ 표 2-38. 커버드 콜 전략 예시

현재 주가	옵션 행사가	프리미엄	1개월 후 주가	콜옵션 매수인	콜옵션 매도인
100만 원	130만 원	3만 원	110만 원	권리 행사 X	상승한 주식+ 프리미엄 수익
			140만 원	권리 행사 O	7만 원 손실

한마디로 주가의 미래 가격을 어떻게 예측하느냐에 따라 이익·손실 규모가 결정되는 구조이므로, ETF 운용사의 역량이 상당히 중요한 전략이라고 할 수 있습니다. 이러한 점 때문에 세계 최대의 투자 은행인 JP모건에서 운용하는 커버드 콜 ETF인 JEPI가 큰 인기를 얻는 것이죠. 그렇다면 Global X에서는 미국 대표 지수인 S&P500과 나스닥100 지수를 활용한 커버드 콜 ETF를 어떻게 운용하고 있을까요?

2868 Global X S&P500 Covered Call ETF는 작년 11월에 상장된 상품이다 보니 아직까지는 충분한 과거 데이터가 없습니다. 하지만 Global X에서 같은 기초 지수를 추종하는 XYLD ETF를 미국 시

▎표 2-39. 2868 Global X S&P500 Covered Call ETF(2023년 10월 기준)

2868 Global X S&P500 Covered Call ETF			환헤지 유무	X
주당 가격	987¥ (약 8,600원)	거래 단위	1주	시가총액	11억 ¥ (약 96억 원)
기초 지수	Cboe S&P 500 BuyWrite Index		상장일	2022-11-04
운용 보수	0.6385%	배당률	11.64%	배당 주기	연 12회(매월)

상장 이후 주가 차트	최근 3개년 배당금 지급 내역	
	배당 기준일	지급 금액
	2023-10-10	6¥
	2023-09-10	10¥
	2023-08-10	6¥
	2023-07-10	7¥
	2023-06-10	5¥
	2023-05-10	6¥
	2023-04-10	8¥
	2023-03-10	6¥
	2023-02-10	7¥
	2023-01-10	15¥

연평균수익률	YTD	18.84%	최근 1개월	−0.71%	최근 3개월	0.46%

장에서도 운용 중이기에, 이를 근거로 배당률을 산출했습니다. 무려 11.64%의 연간 배당률로 매월 배당을 실시하고 있습니다. 주당 가격과 거래 단위도 소액으로 거래하기에 좋게끔 설정되어 있습니다. 다만 운용 보수는 0.6385%로 ETF 중에서는 비싼 편에 속합니다.

2865 Global X Nasdaq100 Covered Call ETF도 2868 ETF와 거의 비슷한 특성을 보입니다. 다만 추종하는 기초 지수가 나스닥100 기반의 Cboe NASDAQ-100 BuyWrite V2 Index이다 보니, 배당률과 최근 수익률에 있어선 다소 차이가 있습니다. 현재까지의 배당금 지

▌표 2-40. 2865 Global X Nasdaq100 Covered Call ETF(2023년 10월 기준)

2865 Global X Nasdaq100 Covered Call ETF				환헤지 유무	X
주당 가격	1,081¥ (약 9,808원)	거래 단위	1주	시가총액	32억 ¥ (약 290억 원)
기초 지수	Cboe NASDAQ-100 BuyWrite V2 Index			상장일	2022-09-28
운용 보수	0.6275%	배당률	9.99%	배당 주기	연 12회(매월)

상장 이후 주가 차트		최근 3개년 배당금 지급 내역	
		배당 기준일	지급 금액
		2023-10-10	9¥
		2023-09-10	9¥
		2023-08-10	9¥
		2023-07-10	8¥
		2023-06-10	9¥
		2023-05-10	8¥
		2023-04-10	8¥
		2023-03-10	9¥
		2023-02-10	9¥
		2023-01-10	8¥
		2022-12-10	7¥
		2022-11-10	7¥

연평균수익률	YTD	29.53%	최근 3개월	0.87%	최근 1년	17.63%

급 내역으로 계산해 보면 9.99%의 배당률이 산출됩니다. 다만 같은 기초 지수를 추종하는 미국의 QYLD의 경우 배당률이 12.46%인 만큼, 이 배당률은 향후 달라질 수 있습니다.

그림 2-19. 2868(파란색), 2865(노란색), S&P500 지수(초록색), 나스닥 종합지수(빨간색)의 상장 이후 차트 비교
출처: 야후

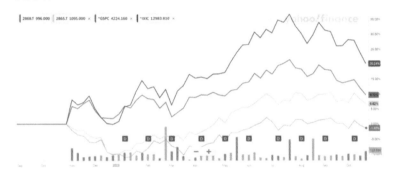

두 커버드 콜 ETF의 상장 이후 차트를 분석해 보면, S&P500과 나스닥100 시장수익률보다 하회한다는 사실을 알 수 있습니다. 매월 파격적인 수준의 배당금이 지급됨에도 불구하고, 총수익률 측면에서는 굉장히 실망스러운 모습입니다. 이러한 이유 때문에 개인적으로는 커버드 콜 ETF는 권하고 싶지 않습니다. 횡보장에서 변동성이 크게 나오는 경우에는 시장수익률을 상회할 수도 있지만, 장기 투자의 관점에서 봤을 때 사실상 장점이 거의 없기 때문이죠. 물론 장기 성장성보다는 정기적으로 지급되는 배당금이 중요하거나 중·단기 트레이딩 관점에서 접근하는 분들께는 유의미한 ETF일 수 있습니다. 그럼에도 콜옵션 운용 성과에 따라 배당률이 달라질 수 있다는 점과 높

은 배당률로 인한 세금 등의 문제는 사전에 인지하고서 접근해야 합니다.

주식 투자자와 채권 투자자의 보유 편향, 누가 옳을까?

대체로 향후 시장에 대해 주식 투자자는 긍정론자이고, 채권 투자자는 부정론자입니다. 시장이 좋으면 공격 자산인 주식의 가치가 오르고, 반대로 시장이 나쁘면 수비 자산인 채권의 가치가 오르기 때문입니다. 이러한 특성 때문에 주식 투자자와 채권 투자자는 같은 경제 상황도 다르게 해석하곤 합니다.

일례로 채권 투자자가 향후 경기 침체를 우려해 채권을 열심히 매집한다고 가정해 봅시다. 그러면 수요 공급 원리에 따라 채권 가격은 하락하고, 금리는 오르게 됩니다. 주식 투자자들은 채권 투자자들의 이러한 행동을 보고 정반대의 생각을 합니다. 고금리에도 경제가 잘 버티는 데다 안전 자산인 채권 가격까지 내려가고 있으니 향후 주식시장은 강세일 것이라고 판단하는 거죠. 보유 편향에 따라 저마다 보고 싶은 대로 보는 것입니다.

누가 옳을지는 미래에 결과가 나와 봐야만 알 수 있습니다. 현재를 사는 우리는 그 결과를 당연히 모를 수밖에 없습니다. 따라서 다양한 경우의 수를 가정한 자산 배분을 통해 위험을 관리하는 것이 좋습니다. 자산 배분으로 인해 수익률 자체는 다소 떨어질 수도 있으나, 수익률보다는 잃지 않고 장기적으로 살아남는 투자가 더 중요하기 때문입니다.

PART III

엔화로
살 수 있는
미국 채권

채권 투자를 위한 기본 개념

채권이란 무엇일까?

채권이란 중앙정부, 공공단체, 주식회사 등이 자금을 조달하기 위하여 발행하는 일종의 차용증서입니다. 보통 돈을 빌릴 땐 얼마를 빌리고, 이를 어떤 방식으로 언제까지 갚겠다는 약속을 하게 되죠? 이러한 약속을 증명할 수 있도록 상환해야 할 금액액면가, 이자율표면금리, 이자 지급 주기, 만기일 등을 명시한 빚 문서가 바로 채권입니다. 참고로 채권은 대규모 자금 조달 수단이라는 점에서는 주식과 언뜻 비슷해 보이기도 하지만, 의결권·이자청구권 여부 등에서는 차이를 보입니다.

채권이 일반적인 빚 문서와 가장 크게 다른 점은 유가증권 형태로 자유롭게 사고팔 수 있다는 것입니다. 그러다 보니 채권을 발행한 측에선 불특정 다수에게 안정적으로 돈을 빌릴 수 있어서 좋고, 돈을 빌려준 측에서도 굳이 만기 때까지 기다리지 않더라도 상황에 따라 현금화가 가능해서 좋다는 특징이 있습니다. 거기다 채권은 주식보다 높은 안정성을 가지고 있는 데다, 이자 수익 이외의 매매 차익·

환차익은 비과세입니다. 세금 문제에 예민한 투자자들에게 아주 솔깃하게 느껴질 만한 포인트죠.

이렇듯 자금 조달에 있어 유리한 측면들이 있다 보니, 전 세계적으로 주식시장보다도 훨씬 큰 투자 자금이 몰리는 곳이 바로 채권시장입니다. 그럼에도 개인 투자자에게 있어 채권은 여전히 생소한 영역입니다. 그동안은 사실상 기관 투자자들이나 절세에 관심이 있는 거액 자산가들만의 리그였으니, 어쩌면 당연한 일인지도 모르겠습니다. 다만 최근에는 그 양태가 달라졌습니다. 개인 투자자의 해외 ETF 순매수 상위권에 외화채권이 당당히 이름을 올릴 정도로, 개인 투자자들도 채권 투자에 본격적으로 뛰어드는 추세입니다.

▍표 3-1. 채권과 주식

구분	채권	주식
발행자 유형	정부, 지자체, 특수 법인, 주식회사	주식회사
소유자의 법적 지위	채권자	주주
이익 배당 방식	이익 발생 여부와 상관없이 원금과 이자 지급	이익이 발생했을 때만 배당금 지급
권리의 성격	확정	가변
원금 상환 여부	만기에 상환(기한부 증권)	상환하지 않음
경영 참여 권리	경영에 관여	주주 총회를 통해 의결권 행사

개인 투자자가 외화채권에 투자하려면?

개인 투자자가 외화채권에 투자하는 방법에는 크게 두 가지가 있습니다. 첫 번째는 소위 알채권이라고도 불리는 개별 채권을 직접 매매하는 것입니다. 그러나 개인 투자자가 외화채권을 직접 매수하기에는 여러 문제가 존재합니다. 우선은 최소 주문 수량을 충족해야 하는데, 이를 금액으로 환산하면 수천만 원인 경우가 많습니다. 투자금이 많지 않은 개인 투자자들에겐 부담이 될 만한 금액이죠.

거기다 외화채권은 잔존 만기에 따라 수수료가 결정되는데, 증권사에 따라 장기채 매매 시 수수료가 5%를 훌쩍 넘는 경우도 있습니다. 더 큰 문제는 매매할 때마다 이 수수료를 부담해야 하다 보니, 부득이하게 만기일 이전에 매도할 경우에는 이중으로 수수료 폭탄을 맞게 된다는 것입니다. 그리고 국내 증권사를 통해 살 수 있는 외화채권의 종류마저도 아주 적기 때문에, 아직까진 개인 투자자가 접근하기에 여러모로 한계점이 많아 보입니다.

개인 투자자가 외화채권에 투자할 수 있는 두 번째 방법은 채권 ETF를 매매하는 것입니다. 채권은 발행 주체에 따라 국채, 지방채, 특수채, 금융채, 회사채 등으로 나뉩니다. 이러한 채권들을 선물 세트처럼 묶음으로 모아서 시장에서 거래가 가능한 형태로 만든 것이 채권 ETF입니다. 적은 금액으로도 쉽게 매매할 수 있고, 저렴한 수수료로 언제든지 현금화가 가능하다는 장점이 있습니다. 앞서 말씀드렸던 개별 채권의 단점과는 완전히 상반되는 장점인 것이죠.

다만 개별 채권의 경우 만기까지만 보유한다면 손실 가능성이 전혀 없는 것에 반해, 채권 ETF는 가격이 지속적으로 변동하므로 투자 시점에 따라 손실 가능성도 존재합니다. 그러나 채권 ETF를 가격이 저렴해진 시점에 매수하고 가격이 하락하더라도 배당금을 받으며 인내할 수만 있다면 그 손실 가능성은 상당히 낮아집니다. 즉 저렴한 시기에 분할 매수한 후 시간을 갖고 인내하는 원칙만 지킨다면, 채권 ETF로 잃지 않는 안전한 투자를 할 수 있는 것입니다.

대표적인 발행 주체별 채권 종류

☑ **국채**

각국 중앙정부에서 발행하는 채권입니다. 중앙정부에서 직접 지급을 보증하기 때문에 가장 신용도가 높습니다.

☑ **지방채**

중앙정부가 아닌 지방자치단체에서 발행하는 채권입니다. 사실상 해당 국가의 정부에서 보증해 준다고 보아도 무방한 채권입니다.

☑ **특수채**

공공단체나 공적기관 등 특별법에 의해 설립된 특별 법인이 발행하는 채권을 말합니다. 대표적인 예로 우리나라의 한국전력공사채가 있습니다.

☑ **금융채**

은행, 종합금융회사, 여신금융전문회사 등 금융기관이 자금 조달을 위해 자체적으로 발행하는 채권입니다.

☑ **회사채**

상법상의 주식회사가 자금 조달을 위해 직접 발행하는 채권을 말합니다. 회사의 수익을 주주와 나누는 주식과 달리, 일정률의 이자만이 지급되는 것이 특징입니다.

서로 반비례하는 채권금리와 채권 가격

채권 ETF가 저렴한 시기를 포착하기 위해서는 채권의 가격이 어떤 방식으로 결정되는지에 대해 먼저 이해해야 합니다. 최근 해외 ETF 순매수 상위권에 미국 국채 관련 상품들이 놓이는 경우가 많은 데요. 이러한 현상의 배경에는 미국의 중앙은행인 연준이 기준금리를 빠르게 올린 데 따른 시중의 채권금리 상승이 있습니다. 즉 대표적인 안전 자산으로 분류되던 미국 국채의 가격이 역대급 폭락을 거듭하면서 투자자들의 관심을 끌게 된 것입니다.

이러한 현상을 이해하기 위해서는 채권금리와 채권 가격이 서로 반비례 관계에 있다는 사실을 알아야 합니다. 한마디로 채권금리가 상승하면 채권 가격이 하락하고, 채권금리가 하락하면 채권 가격이 상승하는 것이죠. 이러한 현상은 채권이 고정된 표면금리로 발행되지만, 그 가격은 금리 상황에 따라 계속해서 변화하기 때문에 발생합니다. 좀 더 이해하기 쉽도록 예시를 들어 보겠습니다.

금리가 5%인 1년 만기 채권에 투자했다고 가정해 봅시다. 그런데 경제 상황이 급변해서 바로 다음 날에 금리가 10%인 1년 만기 채권이 나왔습니다. 불과 하루 차이임에도 고정된 표면금리로 인해 1년 뒤 채권 이자 수익금이 두 배나 차이 나게 된 것입니다. 실제 시장에도 이렇듯 각기 다른 표면금리를 가진 채권들이 나와 있기에, 자연스럽게 서로 간에 가격 경쟁을 벌이는 구도가 형성되는 것입니다.

만약 앞선 예시의 두 채권을 같은 가격에 하나만 살 수 있다면,

그 누구라도 금리 10%인 채권을 선택할 것입니다. 더 많은 이자를 받을 수 있으니까요. 즉 금리 인상으로 인해 기존에 발행된 채권의 매력도가 떨어진 것입니다. 따라서 만기일 이전에 채권을 팔려면 수요 감소를 반영해 액면가보다 낮은 가격에 매도해야만 하는 것이죠. 이와 반대로 채권금리가 하락하면, 기존 채권은 상대적으로 높은 금리 때문에 그 수요가 증가해 높은 가격에 팔리게 될 것입니다.

이러한 이유 때문에 채권금리와 채권 가격이 서로 반비례 관계에 있다고 보는 것입니다. 그런데 원론적으로는 채권 가격이 채권금리의 영향을 가장 크게 받는다고 볼 수 있지만, 실제 시장에서는 채권의 수요·공급, 심리, 향후 금리 전망 등 복합적인 요소들의 영향을 받습니다. 또한 채권금리가 채권 가격에 영향을 주기도 하지만, 역으로 채권 가격이 채권금리를 변동하게끔 만들기도 합니다. 대부분 투자자산이 그렇듯 모든 상황을 100% 설명할 수 있는 절대 공식 같은 건 없다고 봐야 합니다.

이어지는 내용에서는 엔화로 매매할 수 있는 일본 시장의 채권 ETF들에 대해서 알아보겠습니다. 각 채권 ETF의 특성 및 세부 내용들을 알아보고, 이를 바탕으로 어떤 식으로 투자에 활용하면 좋을지를 분석해 보겠습니다. 채권 투자 시에 추가적으로 필요한 관련 개념들은 본문과 부가 설명란에서 차차 말씀드리겠습니다.

미국 국채 ETF

가격 메리트가 극대화된 미국 국채

미국 국채는 미국 재무부에서 미래의 세금을 담보로 발행하는 국채입니다. 보통은 미국 국채라고 부르지만, 사실 정식 명칭은 미국 재무부 채권US Treasury Bonds입니다. 그동안 미국 정부는 한 번도 채무불이행을 한 적이 없기 때문에 미국 채권은 금과 함께 대표적인 안전 자산으로 꼽힙니다. 미국은 달러에 기반한 기축통화국이기도 하기에, 앞으로도 미국 채권은 안전 자산으로서의 지위를 꽤 오랫동안 유지할 것으로 보입니다.

다만 미국 국채의 최근 모습은 세계 최고의 안전 자산이라는 명성과 거리가 있어 보입니다. 2020년에 고점을 형성한 후 3년 넘게 하락만을 거듭하고 있기 때문입니다. 미국 국채가 3년 넘게 하락하는 일은 그 유례를 찾아보기 힘들 정도로 이례적입니다.

〈그림 3-1〉을 보면 잔존 만기가 많이 남은 장기채일수록 하락폭이 더 크다는 사실을 알 수 있습니다. 이 때문에 최근 미국 시장이나 일본 시장에서 미국 장기국채 ETF를 매수하는 국내 투자자들도 크

게 증가하고 있습니다. 이젠 해외 순매수 순위에서 미국 장기국채 관련 ETF들을 심심치 않게 찾아볼 수 있죠. 그만큼 요즘이 미국 국채의 가격 메리트가 극대화된 시점이라는 것을 알 수 있습니다.

그림 3-1. SHY(파란색/1~3년 미국채), IEF(빨간색/7~10년 미국채), TLT(초록색/20년 이상 미국채)

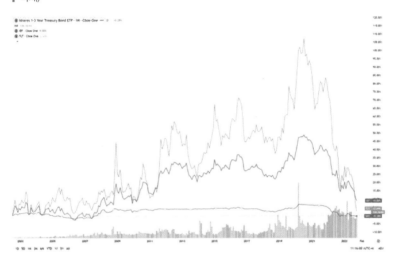

　　미국의 기준금리가 짧은 기간 동안 빠른 속도로 인상된 데다 중국·사우디 등이 정치적인 문제로 미국 채권을 지속적으로 매각하고 있기에 생긴 기회라고 할 수 있습니다. 거기다 미국은 국내외의 산업, 일자리, 복지, 전쟁 등에 필요한 막대한 자금을 조달하기 위해 채권 발행량까지 크게 늘리고 있죠. 이러한 채권시장의 각종 악재들이 연달아 터지고 있기에, 채권시장의 혼란은 쉽사리 진정되지 않는 모습입니다.

현명한 투자자라면 이렇게 악재와 비관만이 가득한 자산에 오히
려 큰 관심을 가져야만 한다고 봅니다. 돈을 벌 기회는 시장의 공포
에서 나오는 경우가 많기 때문이죠. 이제 일본 시장에서 매수할 수
있는 미국 국채 ETF를 잔존 만기별로 알아보겠습니다.

잔존 만기 2년 이하의 미국 단기국채 ETF

▌표 3-2. 2093 Listed Tracers US Government Bond 0-2years Ladder(2023년 11월 기준)

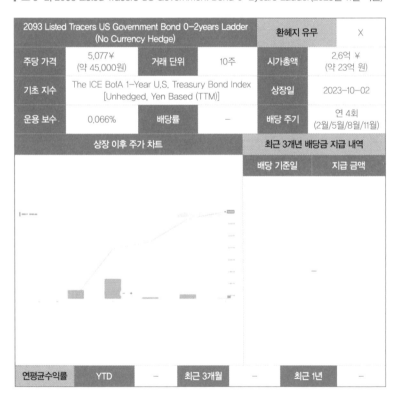

잔존 만기 2년 이하의 미국 단기국채에 투자할 수 있는 2093 Listed Tracers US Government Bond 0-2years Ladder (No Currency Hedge) ETF가 일본 시장에 상장되어 있습니다. 주당 가격은 4만 원 중반이며, 거래 단위는 10주입니다. 한 번 거래 시에 최소 45만 원이 필요하겠군요.

해당 ETF는 The ICE BofA 1-Year U.S. Treasury Bond Index[Unhedged, Yen Based (TTM)]를 기초 지수로 두고 있지만, 운용자의 재량이 일부 반영되는 액티브 ETF로 운용되고 있습니다. 그래서 잔존 만기별로 6개월 이하 25%, 6개월~12개월 25%, 12개월~18개월 25%, 18개월~24개월 25%로 나누어서 투자하고 있습니다.

미국 시장에 있는 비슷한 종류의 국채 ETF들을 통해 해당 ETF가 향후 어떤 움직임을 보여 줄지를 대략적으로 추측해 볼 수 있습니다. 1년 미만 국채에 투자하는 SHV의 경우 배당률은 4.16%, YTD는 +4%이고, 1~3년물 국채에 투자하는 SHY는 배당률은 2.72%, YTD는 +2.03%였습니다. 이를 통해 미루어 봤을 때 해당 ETF는 향후 2~3%대의 배당률과 낮은 가격 변동성을 보여 줄 것으로 기대됩니다. 급격한 금리 인상으로 인해 미국 중장기국채는 크게 하락한 반면, 단기채는 상대적으로 큰 영향을 받지 않은 것입니다. 다만 ETF를 구성하고 있는 국채 자체의 수익률에, 달러/엔 환율까지 반영되는 환 노출 상품이라는 점도 투자 시 감안해야 할 것 같습니다.

해당 ETF는 2023년 10월에 상장한 ETF다 보니 여러 단점도 보입니다. 우선 시가총액이 아주 작은 편입니다. 과거 데이터도 많이 부족하여 최근 배당 내역이나 수익률 같은 기본적인 정보를 찾아보기 힘듭니다. 거기다 이제 막 첫발을 내디딘 탓에 거래량이 거의 없어 호가창이 제대로 관리되지 않는 듯한 모습입니다. 그리고 무엇보다 월 배당을 실시하는 미국 시장의 채권 ETF와 달리, 연 4회의 배당만을 실시하는 것도 아쉽게 느껴지는 대목입니다.

그림 3-2. 미 재무부가 1979년에 발행한 액면가 10만 달러의 국채
출처: Wikipedia

이러한 여러 단점에도 불구하고 일본 시장에서 유일하게 2년 미만의 미국 국채에 투자하는 ETF이므로, 앞으로 좀 더 유심히 관찰해 볼 필요는 있습니다. 시간을 두고 지켜보면서 보다 정확한 데이터에 근거해 투자 여부를 결정하는 게 합리적일 것으로 보입니다.

잔존 만기 1~3년인 미국 중단기국채 ETF

표 3-3. 2620 iShares 1-3 Year US Treasury Bond ETF(2023년 11월 기준)

2620 iShares 1-3 Year US Treasury Bond ETF			환헤지 유무	X
주당 가격	335.20¥ (약 3,000원)	거래 단위	10주	시가총액	405억 ¥ (약 3530억 원)
기초 지수	FTSE US Treasury Select JIT 1-3 Years in JPY Terms Index(JPY)		상장일	2020-10-14
운용 보수	0.154%	배당률	1.73%	배당 주기	연 4회 (1월/4월/7월/10월)

상장 이후 주가 차트	최근 3개년 배당금 지급 내역	
	배당 기준일	지급 금액
	2023-10-11	1.80¥
	2023-07-11	1.90¥
	2023-04-11	1.20¥
	2022-01-11	0.90¥
	2022-10-11	1.40¥
	2022-07-11	0.70¥
	2022-04-11	0.40¥
	2021-01-11	0.40¥
	2021-10-11	1.30¥
	2021-07-11	0.80¥
	2021-04-11	0.50¥
	2021-01-11	0.20¥

연평균수익률	YTD	15.51%	최근 3개월	7.74%	최근 1년	6.13%

잔존 만기 1~3년인 미국 국채에 투자할 수 있는 2620 iShares 1-3 Year US Treasury Bond ETF도 일본 시장에 상장되어 있습니다. 주당 가격이 3,000원대로 형성되어 있고 거래 단위는 10주입니다. 한 번 거래 시에 최소 3만 원이 필요하겠군요.

해당 ETF는 FTSE US Treasury Select JIT 1-3 Years in JPY Terms Index(JPY)를 기초 지수로 두고 있습니다. 미국 국채 1~3년물

을 추종하기 때문에 미국 시장의 SHY ETF와 성격이 비슷하다고 보면 됩니다. 다만 일본 시장에 상장되어 달러/엔 환율 변동의 영향을 받기 때문에, 실제 차트 움직임과 연평균수익률은 꽤 차이가 납니다.

일례로 SHY ETF의 YTD는 2.03%에 불과하지만, 해당 ETF의 YTD는 무려 15.51%에 달합니다. 2023년에 급격히 오른 달러/엔 환율 변동의 영향인 것이죠. 연배당률에 있어서도 SHY ETF는 2.83% 수준이지만, 해당 ETF는 1.73%입니다. 각 ETF가 보유하고 있는 세부 구성과 배당 주기 등이 다른 게 그 이유입니다. 다만 이러한 배당률의 괴리는 시간이 지날수록 어느 정도 좁혀질 가능성이 높습니다.

해당 ETF의 경우 분기별로 연 4회 배당을 실시하는 데 반해, 비슷한 성격의 미국 시장의 ETF는 월 배당을 실시하고 있습니다. 이 점은 다소 아쉽지만 배당 시기를 고려해 중단기적으로 매매함으로써, 배당 수익과 매매 차익을 노리는 전략을 구사하기엔 오히려 더 좋을 수 있습니다.

최근 기준금리가 급격히 인상되었음에도 오히려 YTD가 +인 것만 보아도 알 수 있듯이, 중장기채권과 달리 안정적인 움직임을 보여 주는 점도 장점이라고 할 수 있습니다. 다만 안정적인 대신 기초 지수 자체의 기대수익률이 크지는 않습니다. 또한 달러/엔 환율의 영향을 상당히 크게 받는다는 점을 주의해야 합니다. 2620과 SHY 두 ETF의 큰 수익률 차이만 보아도 이 점을 잘 알 수 있을 겁니다.

시가총액도 일본 시장 ETF 중에선 꽤 큰 편인 3500억 원대 규모이고, 2022년 10월에는 10:1의 비율로 액면 분할을 실시하기도 했네요. 액면 분할은 주로 주가가 너무 오르는 경우 ETF의 1주당 가격이 높아져 거래량에 부정적인 영향을 줄 우려가 있을 때 실시합니다. 그래서 애플이나 테슬라같이 꾸준히 우상향해 왔던 기업들이 주가를 1/N으로 나누는 액면 분할을 실시하곤 합니다. 이러한 점을 미루어 봤을 때, 해당 ETF는 앞으로도 안정적으로 우상향해 줄 듯합니다. 다만 2023년 11월 기준으로 달러/엔 환율은 최근 평균에 비해 상당히 높은 편이므로, 향후 이에 대한 주의는 필요해 보입니다.

장단기 금리차 역전이란 무엇인가요?

장단기 금리차는 장기채권과 단기채권 간의 금리 격차를 말합니다. 이때 주로 장기채권은 미국 국채 10년물을, 단기채권은 미국 국채 2년물을 기준으로 삼습니다. 그래서 장단기 금리차란 미국 국채 10년물과 2년물 간의 금리 차이라고 생각하면 편합니다.

일반적인 상황에선 장기금리가 단기금리보다 높은 게 정상입니다. 채권자의 입장에선 기간이 길어질수록 불확실성이 커지기 때문입니다. 친한 친구가 빌려준 돈을 1주일 안에 갚겠다고 하는 건 이해할 수 있지만, 10년 뒤에 갚겠다고 하는 건 쉽사리 납득하기 어렵죠? 은행이 1년 예금보단 5년 예금의 금리를 더 높게 쳐주는 것도 이와 같은 원리입니다.

그런데 보통 경기 침체가 예상되는 시기엔 미국 국채 10년물에 대한 수요가 늘어납니다. 주식 투자자들이 안전 자산인 국채로 대피하는 것이죠. 이에 채권 가격은 오르고, 금리는 내려가게 됩니다. 이러한 상황이 심화되다 보면 미국 국채 10년물 금리가 2년물보다 낮아지는 역전 현상이 발생하게 됩니다.

문제는 대다수의 경기 침체가 발생하기 이전에, 장단기 금리차 역전 현상이 먼저 발생했다는 점입니다. 이 때문에 장단기 금리차 역전은 경기 침체를 알려 주는 선행지표로도 알려져 있습니다.

잔존 만기 3~7년인 미국 중기국채 ETF

표 3-4. 2856 iShares 3-7 Year US Treasury Bond JPY Hedged ETF(2023년 11월 기준)

2856 iShares 3-7 Year US Treasury Bond JPY Hedged ETF				환헤지 유무	O
주당 가격	707.70¥ (약 6,200원)	거래 단위	10주	시가총액	215억 ¥ (약 1874억 원)
기초 지수	FTSE US Treasury 3-7 Years Select Index – JIT, currency-hedged in JPY Index(JPY)			상장일	2022-07-26
운용 보수	0.154%	배당률	1.74%	배당 주기	연 4회 (1월/4월/7월/10월)
상장 이후 주가 차트			최근 3개년 배당금 지급 내역		
			배당 기준일		지급 금액
			2023-10-11		3.60¥
			2023-07-11		2.90¥
			2023-04-11		1.90¥
			2023-01-11		3.90¥
			2022-10-11		0.90¥
연평균수익률	YTD	29.33%	최근 1년	26.78%	최근 3년	5.08%

이번에는 잔존 만기 3~7년인 미국 국채에 투자하는 2856 iShares 3-7 Year US Treasury Bond JPY Hedged ETF에 대해 알아보겠습니다. 주당 가격은 약 6,000원대고 거래 단위는 10주입니다. 2022년 7월에 상장했음에도 시가총액이 1900억 원에 근접하네요.

해당 ETF는 FTSE US Treasury 3-7 Years Select Index – JIT, currency-hedged in JPY Index(JPY)를 기초 지수로 두고 있습니다. 미국 국채 3~7년물을 추종한다는 점에서 미국 시장의 IEI ETF와 성격이 비슷합니다. 다만 달러/엔 환율 변동의 영향을 받지 않는 환헤지 상품임에도, IEI ETF와 실제 수익률에 있어서는 차이가 납니다.

IEI ETF의 경우 YTD −0.33%, 최근 1년 연평균수익률이 +0.67% 수준이지만, 해당 ETF는 YTD −5.51%, 최근 1년 연평균수익률은 −4.92%를 기록했습니다. IEI ETF는 ICE BofA US Treasury (3-7Y)를 기초 지수로 추종하고 있어 구성 종목이 조금 다르기도 하지만, 환헤지 비용에 의한 차이가 결정적이었다고 볼 수 있습니다.

두 ETF는 배당 면에서도 차이가 있습니다. IEI의 경우 월 배당에 배당률이 2.26%이지만, 2856 ETF는 분기 배당에 배당률이 1.74%입니다. 이러한 특징들로 미루어 봤을 때 달러/엔 환율이 높은 시기에 활용하기 좋은 환헤지 상품이라는 점을 제외하면, 전체적으로 메리트가 있어 보이진 않습니다. 하지만 상대적으로 변동성이 큰 장기채와 안정적인 단기채의 특성을 합쳐 놓은 ETF이기 때문에, 투자자의 성향에 따라선 활용할 가능성이 있어 소개해 드렸습니다.

단기국채 vs. 중기국채 vs. 장기국채

☑ 단기국채
잔존 만기 1년 이하의 단기 재무부 채권을 말하며, T-Bill Treasury Bill이라고도 불립니다. 만기가 짧아서 가장 위험이 적은 투자자산으로 분류됩니다.

☑ 중기국채
통상적으로 잔존 만기가 2~10년 사이에 있는 중기 재무부 채권이고, T-Note Treasury Note로도 불립니다. 단기국채와 장기국채와 비교해 중간 수준의 위험도·기대수익률을 보여 줍니다.

☑ 장기국채
잔존 만기 10~30년인 장기 재무부 채권이고, T-Bond Treasury Bond라고도 부릅니다. 금리에 가장 민감하기 때문에 상대적으로 변동성 리스크가 큽니다. 하지만 그만큼 기대수익률도 높다는 특징이 있습니다.

잔존 만기 7~10년인 미국 중기국채 ETF

▍표 3–5, 환헤지 7~10년 미국국채 ETF

티커	종목명	운용 보수	시가총액
1482	iShares Core 7-10 Year US Treasury Bond JPY Hedged ETF	0.154%	1317억 ¥
1487	Nikko Listed Index Fund US Bond (Currency Hedge)	0.176%	801억 ¥

세계경제에서 미국 국채 10년물 금리가 가지는 의미는 남다릅니다. 바로 이 미국 국채 10년물 금리는 시장 금리의 기준이 되기 때문입니다. 따라서 미국 국채 10년물의 금리가 내려가면 대출 금리가 내려가고, 그 결과 유동성이 늘어나는 효과가 발생하게 됩니다. 한마디로 전 세계 돈의 값어치를 결정짓는 중요한 요소인 것이죠. 그래서 여러 경제 뉴스에서 특히 미국 국채 10년물의 움직임에 큰 관심을 갖는 것입니다.

이러한 이유 때문인지 일본 시장에도 미국 국채 10년물과 연관된 ETF들이 상장되어 있습니다. 특히 환헤지된 시가총액이 큰 ETF가 2개나 상장되어 있군요. 이 2개의 ETF 중에서 시가총액이 더 크고 운용 보수도 미세하게나마 더 저렴한 1482 iShares Core 7-10 Year US Treasury Bond JPY Hedged ETF부터 알아보겠습니다.

달러/엔 환율의 영향을 받지 않고, 잔존 만기 7~10년인 미국 국채에 투자할 수 있는 1482 iShares Core 7-10 Year US Treasury Bond JPY Hedged ETF입니다. 주당 가격은 약 15,000원이고 거래

1482 iShares Core 7-10 Year US Treasury Bond JPY Hedged ETF				환헤지 유무	O
주당 가격	1,714¥ (약 15,000원)	거래 단위	1주	시가총액	1317억 ¥ (약 1조 1477억 원)
기초 지수	FTSE JPY-Hedged US Treasury Select Index - JIT 7-10 Years in JPY terms			상장일	2016-05-26
운용 보수	0.154%	배당률	1.93%	배당 주기	연 4회 (1월/4월/7월/10월)

상장 이후 주가 차트	최근 3개년 배당금 지급 내역	
	배당 기준일	지급 금액
	2023-10-11	11¥
	2023-07-11	8¥
	2023-04-11	8¥
	2023-01-11	6¥
	2022-10-11	8¥
	2022-07-11	7¥
	2022-04-11	7¥
	2022-01-11	7¥
	2021-10-11	7¥
	2021-07-11	9¥
	2021-04-11	6¥
	2021-01-11	10¥

연평균수익률	YTD	-8.20%	최근 3년	-8.20%	최근 5년	-3.04%

단위는 1주입니다. 적은 금액으로 부담 없이 거래할 수 있는 게 장점이겠군요. 시가총액도 1조 원이 훌쩍 넘을 정도로 큰 ETF입니다. 해당 ETF는 FTSE JPY-Hedged US Treasury Select Index - JIT 7-10 Years in JPY terms를 기초 지수로 추종하고 있습니다. 미국 국채 7~10년물을 추종하기 때문에 미국 시장의 IEF ETF와 비슷하다고 보면 됩니다. 환율 변동의 영향을 받지 않게끔 환헤지가 되어 있긴 하지만, 환헤지로 인한 비용 때문에 수익률에 있어선 차이가 납니다. 각 ETF가 담고 있는 세부 구성도 약간 다릅니다.

이 때문에 IEF ETF의 경우 YTD −3.95%, 최근 3년 −7.84%, 최근 5년 −0.59% 수준이지만, 해당 ETF는 YTD −8.20%, 최근 3년 −10.15%, 최근 5년 −3.04%를 기록했습니다. 배당의 경우에도 IEF ETF는 연배당률 2.91%의 월 배당을 실시하는 반면, 해당 ETF는 연배당률 1.93%에 분기 배당을 실시하고 있습니다. 연배당률 차이가 큰 것이 상당히 아쉽게 느껴집니다.

이번에는 동일한 기초 지수를 추종하지만, 달러/엔 환율의 영향을 받는 ETF입니다. 주당 가격은 약 2,500원이고 거래 단위는 10주

▍표 3-7. 1656 iShares Core 7-10 Year US Treasury Bond ETF(2023년 11월 기준)

1656 iShares Core 7-10 Year US Treasury Bond ETF				환헤지 유무		X
주당 가격	284,20¥ (약 2,500원)	거래 단위	10주	시가총액		485억 ¥ (약 4227억 원)
기초 지수	FTSE US Treasury Select Index – JIT 7-10 Years in JPY terms			상장일		2017-09-27
운용 보수	0.154%	배당률	1.86%	배당 주기		연 4회 (1월/4월/7월/10월)
상장 이후 주가 차트				최근 3개년 배당금 지급 내역		
				배당 기준일		지급 금액
				2023-10-11		1.40¥
				2023-07-11		1.80¥
				2023-04-11		1.10¥
				2023-01-11		1.00¥
				2022-10-11		1.10¥
				2022-07-11		0.90¥
				2022-04-11		0.80¥
				2022-01-11		0.80¥
				2021-10-11		0.80¥
				2021-07-11		1.00¥
				2021-04-11		0.90¥
				2021-01-11		0.90¥
연평균수익률	YTD	8,15%	최근 3개월	0.50%	최근 1년	0.71%

iShares Core 7-10 Year US Treasury Bond ETF ● 284.2 +2.8 (+1.00%)

입니다. 적은 금액으로도 손쉽게 거래할 수 있고, 시가총액도 4200억 원대인 점은 긍정적인 부분입니다. 거기다 급등했던 달러/엔 환율의 영향으로 최근 수익률도 +를 유지하고 있군요.

하지만 1482와 마찬가지로 분기 배당을 실시하고 있고, 1.86%의 연배당률을 보여 주는 점은 실망스럽습니다. 다만 ETF가 보유 중인 채권의 세부 구성이 지속적으로 바뀌기 때문에, 향후에는 같은 기초지수를 추종하고 있는 IEF ETF와의 배당 괴리가 어느 정도는 좁혀질 것으로 보입니다.

엔화로 미국 국채 7~10년물에 투자할 분들은 환헤지, 환노출 ETF 중 본인에게 더 잘 맞는 상품으로 골라서 매매하면 됩니다. 향후 미국과 일본의 기준금리 차이가 줄어들 거라고 판단하는 경우에는 환헤지를, 엔화 약세로 높은 달러/엔 환율이 좀 더 장기화될 것이라고 보는 경우에는 환노출 ETF를 고르는 게 유리합니다.

잔존 만기 20년 이상인 미국 장기국채 ETF

일학 개미들에게 가장 큰 사랑을 받고 있는 미국 장기국채 ETF인 2621 iShares 20+ Year US Treasury Bond JPY Hedged ETF입니다. 국내 투자자의 해외 ETF 순매수 순위 상위권에 꾸준히 이름을 올리는 ETF이기도 하죠. 미국 국채 중에서 가장 금리의 변화에 민감한 장기채이다 보니, 2020년의 최고점 대비 반토막이 넘게 떨어진 상

▎표 3-8. 2621 iShares 20+ Year US Treasury Bond JPY Hedged ETF(2023년 11월 기준)

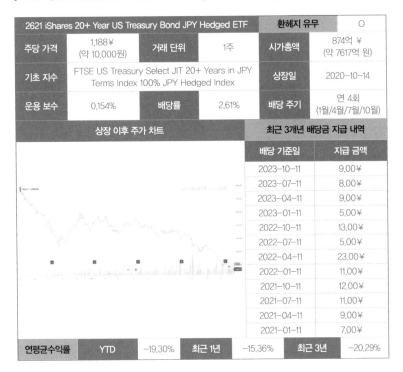

2621 iShares 20+ Year US Treasury Bond JPY Hedged ETF			환헤지 유무	○
주당 가격	1,188¥ (약 10,000원)	거래 단위	1주	시가총액	874억 ¥ (약 7617억 원)
기초 지수	FTSE US Treasury Select JIT 20+ Years in JPY Terms Index 100% JPY Hedged Index		상장일	2020-10-14
운용 보수	0.154%	배당률	2.61%	배당 주기	연 4회 (1월/4월/7월/10월)

상장 이후 주가 차트		최근 3개년 배당금 지급 내역	
		배당 기준일	지급 금액
		2023-10-11	9.00¥
		2023-07-11	8.00¥
		2023-04-11	9.00¥
		2023-01-11	5.00¥
		2022-10-11	13.00¥
		2022-07-11	5.00¥
		2022-04-11	23.00¥
		2022-01-11	11.00¥
		2021-10-11	12.00¥
		2021-07-11	11.00¥
		2021-04-11	9.00¥
		2021-01-11	7.00¥

연평균수익률	YTD	-19.30%	최근 1년	-15.36%	최근 3년	-20.29%

황입니다. 대표적인 안전 자산인 미국 국채를 크게 조정받은 가격에 매수할 수 있다는 점에서 많은 투자자의 관심을 한 몸에 받고 있는 것입니다.

해당 ETF는 달러/엔 환율의 영향을 받지 않는 환헤지된 상품으로, 역대급으로 하락한 미국 장기국채와 엔화 환율에 동시에 투자할 수 있다는 큰 장점이 있습니다. 달러/원 환율이 높은 시기에 미국 시장의 TLT와 같은 장기국채 ETF를 산다면 향후 달러 환율이 하락할 때 큰 환차손을 입을 수 있습니다. 한편, 엔화로 환헤지된 미국 장기국채를 산다면 향후에 엔화 환율이 평균 회귀할 경우 오히려 큰 환차익을 얻을 수 있습니다.

잔존 만기 20년 이상인 미국 국채에 투자할 수 있는 해당 ETF는 주당 가격이 약 1만 원입니다. 거래 단위도 1주라서 적은 금액으로도 부담 없이 거래할 수 있다는 장점이 있습니다. 시가총액도 7600억 원대로 큰 편입니다. FTSE US Treasury Select JIT 20+ Years in JPY Terms Index 100% JPY Hedged Index를 기초 지수로 추종하고 있어 미국 시장의 TLT ETF와 비슷하다고 보면 됩니다. 둘 다 자산운용사가 블랙록이기 때문에 상품명 앞에 iShares 브랜드가 붙습니다.

하지만 최근 연평균수익률에 있어서 두 ETF는 꽤 큰 차이를 보여주고 있습니다. TLT ETF의 경우 YTD -13.15%, 최근 1년 -10.65%, 최근 3년 -17.50% 수준이지만, 해당 ETF는 YTD -19.30%, 최근 1년 -15.36%, 최근 3년 -20.29%를 기록했습니다. 배당의 경우에도 TLT ETF는 연배당률 3.71%의 월 배당을 실시하고 있는 반면, 해당 ETF는 연배당률 2.61%에 분기 배당을 실시하고 있습니다. 이러한 배당률 차이와 숨은 환헤지 비용 등의 차이로 최근 수익률 면에서 차이가 발생한 것입니다.

미국 장기국채와 엔화 환율 측면에서 동시에 수익을 얻을 수 있는 방법이지만 환헤지 비용이 생각보다 큰 상황입니다. 만약 미국과 일본의 기준금리 차이가 장기화되는 것은 2621 ETF 투자자들에게는 재앙과도 같은 일입니다. 이와 관련해서는 환헤지 비용에 관한 부분에서 상세히 다루겠습니다.

숨은 비용과 리스크를 간과한 3배 레버리지 투자

최근 미국 시장의 TMF ETF에 투자하는 국내 투자자의 수가 급속도로 늘고 있습니다. TMF는 미국 국채 20년물에 3배 레버리지로 투자하는 상품으로, 어느 순간부터 해외 ETF 순매수 상위권 목록에서 자주 보이고 있습니다. 다만 이게 과연 좋은 현상인지는 모르겠습니다. 요즘 같은 고금리 시대엔 3배의 레버리지를 일으키기 위해 활용하는 파생상품의 비용 또한 엄청나게 커지기 때문입니다. 미국 시장의 3배 레버리지 ETF 중에는 운용 보수와 숨은 비용을 합하면 총수수료가 10%를 훌쩍 넘어가는 경우도 많습니다.

거기다 더 큰 문제는 해당 ETF가 횡보와 하락을 거듭하는 경우입니다. 그런 경우 레버리지 ETF는 그야말로 돌이킬 수 없는 수준의 큰 손실을 입을 수밖에 없습니다. 물론 꾸준히 우상향해 주기만 한다면야 아무런 문제도 없겠지만, 예상치 못했던 이벤트들이 수시로 발생하는 곳이 바로 시장입니다. 오죽하면 켄 피셔 같은 투자의 대가조차 시장을 '종잡을 수 없는 모욕의 대가The Great Humiliator'라고 불렀을까요. 대책 없는 긍정은 투자자를 파멸의 길로 이끌 뿐입니다. 전문 투자자가 아니라면 레버리지 투자에는 아예 관심을 갖지 않길 간곡히 권합니다.

발행 주체가 기업인 미국 회사채

미국 회사채는 일반 기업들이 자금을 조달하기 위해 발행하는 일종의 차용증서라고 보면 됩니다. 미국 재무부가 발행하는 미국 국채와 발행 주체가 다를 뿐 성격은 비슷합니다. 다만 미국 정부가 지급을 보증하는 미국 국채에 비해서는 안정성이 떨어집니다. 미국 정부가 망할 일은 사실상 제로라고 볼 수 있지만, 기업의 운명은 짧은 기간에도 크게 바뀌곤 하니까요.

그래서 미국 회사채에 투자할 때는 채권을 발행한 회사를 면밀히 살펴봐야 합니다. 채권은 예금자 보호를 받는 상품이 아니기 때문에, 파산·부도 시에는 원금 100% 손실이 발생할 수도 있습니다. 이런 이유에서 상대적으로 예·적금이나 미국 국채보다는 위험하고, 주식보다는 안전하다고 평가받습니다. 하지만 이는 어디까지는 일반적인 이론일 뿐이고, 비우량한 회사가 발행한 회사채는 그 어떤 자산보다도 위험할 수 있습니다.

┃ 표 3-9. 투자 등급과 정의

구분		투자 등급	등급 정의
S&P/피치	무디스		
AAA	Aaa	투자 적격 등급	원리금 지급능력 최상
AA	Aa		원리금 지급능력 매우 우수
A	A		원리금 지급능력 우수
BBB	Baa		원리금 지급능력 양호
BB	Ba	투기 등급 (투자 부적격 등급)	현재는 안정적이나 장래가 불투명해 투기적
B	B		투기적인 것으로 간주되며 신용 리스크 높음
CCC	Caa		신용 상태가 불량하며 신용 리스크 매우 높음
CC/C	Ca/C		원리금 지급능력이 아주 낮아 매우 투기적
참고사항	1) 등급 내의 상대적인 우열에 따라 +, -나 1, 2가 첨부되기도 합니다. 2) 미국의 국가신용 등급은 S&P/피치 기준 AA+, 무디스 기준 Aaa입니다.		

이러한 리스크는 발행 회사의 신용 등급을 통해 알아볼 수 있습니다. 국가별로도 신용 등급이 제각각인 것처럼 회사채 또한 마찬가지입니다. 신용 등급이 높을수록 금리가 낮게, 신용 등급이 낮을수록 금리가 높게 책정됩니다. 신용 등급이 낮은 회사가 초우량 기업과 동일한 금리를 제시하면 경쟁력이 없으니, 높은 금리를 통해 자금을 조달하는 것입니다. 한마디로 채무 불이행·신용 등급 변동 등에 대한 해당 기업의 현재 리스크 수준에 따라 그 회사채의 금리도 결정되는 것이죠.

이러한 이유로 큰돈을 굴리는 연기금과 같은 기관들에서는 국채뿐만 아니라 회사채에도 적극적으로 투자하는 편입니다. 투자 성향·투자 목표에 따라서는 투자 적격 등급에 있는 회사채 대신에 투기 등급(투자 부적격 등급)에 있는 회사채를 매수하기도 합니다. 변동성 리스크가 크기는 하지만 그만큼 수익률도 높기 때문이죠. 이처럼 우리 개인 투자자들도 좀 더 다양한 채권 자산에 대해 알아봄으로써, 각자의 성향에 맞는 자산 배분을 할 필요가 있습니다.

회사채에 대한 기본적인 개념을 소개해 드렸으니, 이제 일본 시장에 상장되어 있는 미국 회사채 ETF들을 본격적으로 알아보겠습니다.

신용도 높은 투자 등급 회사채 ETF

표 3-10. 1496 iShares USD Investment Grade Corporate Bond JPY Hedged ETF (2023년 11월 기준)

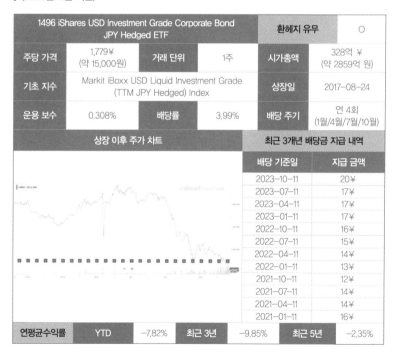

1496 iShares USD Investment Grade Corporate Bond JPY Hedged ETF			환헤지 유무		O
주당 가격	1,779¥ (약 15,000원)	거래 단위	1주	시가총액	328억 ¥ (약 2859억 원)
기초 지수	Markit iBoxx USD Liquid Investment Grade (TTM JPY Hedged) Index			상장일	2017-08-24
운용 보수	0.308%	배당률	3.99%	배당 주기	연 4회 (1월/4월/7월/10월)

상장 이후 주가 차트	최근 3개년 배당금 지급 내역	
	배당 기준일	지급 금액
	2023-10-11	20¥
	2023-07-11	17¥
	2023-04-11	17¥
	2023-01-11	17¥
	2022-10-11	16¥
	2022-07-11	15¥
	2022-04-11	14¥
	2022-01-11	13¥
	2021-10-11	12¥
	2021-07-11	14¥
	2021-04-11	14¥
	2021-01-11	16¥

연평균수익률	YTD	-7.82%	최근 3년	-9.85%	최근 5년	-2.35%

해당 ETF는 잔존 만기 3년 이상의 투자 적격 등급인 미국 우량 회사채에 투자하는 ETF입니다. 2002년 7월에 상장한 세계 최초의 채권형 ETF인 LQD와 동일한 기초 지수[Markit iBoxx USD Liquid Investment Grade (TTM JPY Hedged) Index]를 추종하고 있기도 합니다. 오랜 시간 동안 투자자들에게 사랑받아 온 ETF이다 보니, 우리나라에도 KODEX iShares 미국 투자 등급회사채액티브, TIGER 미국 투자 등급회사채액티브(H)와 같이 동일한 기초 지수를 추종하는 ETF가 상장되어 있습니다.

일본판 LQD인 해당 ETF의 세부 현황에 대해서 알아보겠습니다. 주당 가격이 약 15,000원이고 거래 단위도 1주라서, 적은 금액으로도 부담 없이 거래가 가능합니다. 2017년에 상장되어 시가총액도 2800억 원대로 거래하기에 충분한 수준이군요. 배당률 또한 3.99%로 미국 시장의 LQD ETF와 큰 차이가 없는 수준입니다. 앞서 소개드렸던 미국 국채 ETF에 비해 높은 배당률이 매력적입니다. 다만 다른 일본 시장의 채권 ETF들과 마찬가지로 월 배당이 아니라 분기 배당이라는 점은 다소 아쉽습니다.

1496 iShares USD Investment Grade Corporate Bond JPY Hedged ETF는 약 500개의 회사에서 발행한 2,600개가량의 회사채로 구성되어 있습니다. 이 중 발행 회사 상위권은 JP모건, 뱅크오브아메리카 등 세계적인 금융회사들이 차지하고 있습니다. 큰 자본을 필요로 하는 금융업의 특성상 주식뿐만 아니라 회사채로도 많은 자금을 조달하는 것입니다. 이외에 TOP 10에는 들지 못했지만, 모두가 잘

표 3-11. 1496 iShares USD Investment Grade Corporate Bond JPY Hedged ETF TOP 10 종목(2023년 11월 기준)

발행 회사	섹터	구성 비중
JP모건	금융	2.95%
뱅크오브아메리카	금융	2.92%
모건스탠리	금융	2.18%
웰스파고	금융	2.08%
골드만삭스	금융	1.92%
씨티그룹	금융	1.87%
버라이즌 커뮤니케이션즈	통신	1.68%
AT&T	통신	1.63%
컴캐스트	통신	1.62%
오라클	IT	1.61%
TOP 10 합계 비중		20.46%

아는 애플, 마이크로소프트, 알파벳, 아마존 등 투자 적격 등급의 빅테크 업체도 다수 포함되어 있습니다. 깐깐한 국제 신용평가 기관들이 인정한 초우량회사들이다 보니 원리금 지급능력에 문제가 생길 가능성이 극히 낮죠.

그런데 미국 회사채에도 큰 단점이 하나 있습니다. 보통 대형 위기 시에 가격이 급등하는 안전 자산인 국채와 달리, 회사채는 오히려 크게 하락할 가능성이 높다는 것입니다. 큰 위기가 왔을 때 원리금 지급능력에 문제가 생길 확률이 매우 낮은 정부와 달리, 기업들은 종종 문제가 생기곤 합니다. 일례로 대형 위기라고 부를 만했던 2020년 COVID-19 확산으로 인한 폭락장에서 해당 ETF는 주식과 함께 큰 폭의 하락을 겪어야만 했습니다.

그리고 미국과 일본의 기준금리 차이가 큰 시기에는, 다른 환혜지 ETF들과 마찬가지로 환헤지 비용이 너무 크다는 단점이 있습니다. 미국 시장의 LQD ETF의 경우 YTD 0.03%, 최근 3년 −5.90%, 최근 5년 1.29%를 기록한 반면, 해당 ETF는 YTD −7.82%, 최근 3년 −9.85%, 최근 5년 −2.35%의 연평균수익률을 보여 주었습니다. 이러한 큰 수익률 괴리로 인해, 미국과 일본의 기준금리가 큰 시기에는 장기 투자용으로 매수하기엔 부적합해 보입니다.

어떤 채권 ETF가 가장 좋나요?

절대적으로 가장 좋은 ETF라는 것은 존재하지 않습니다. 그저 ETF 별로 추구하는 목표와 성격이 다를 뿐입니다. 분명 어떤 투자자에게는 유용하게 활용될 수 있기에, 수많은 ETF가 시장에서 거래되고 있는 것입니다.

따라서 스스로가 어떤 투자 스타일인지를 파악하는 것이 가장 중요합니다. 어떤 사람에게는 별것 아닌 수준으로 느껴지는 가격 변동성이 누군가에게는 견디기 힘든 고통일 수 있습니다. 마찬가지로 누구에게는 충분한 배당률이 또 다른 누군가에게는 한없이 부족한 배당률일 수도 있죠.

그렇기 때문에 먼저 스스로의 투자 성향과 목표를 파악한 후에, 자산 배분 측면에서의 종합적인 고려를 거쳐 투자할 ETF를 결정하는 것이 좋습니다. 이러한 방법이 여의치 않다면, 일단 여러 ETF를 조금씩 골고루 매수해 보길 바랍니다. 그 후 시간을 두고 지켜보다 보면 자신에게 적합한 ETF들을 자연스럽게 추릴 수 있을 것입니다.

투자 적격 등급인 중기회사채 ETF

표 3-12. 2554 NEXT FUNDS Bloomberg US Intermediate Corporate Index (JPY Hedged) ETF(2023년 11월 기준)

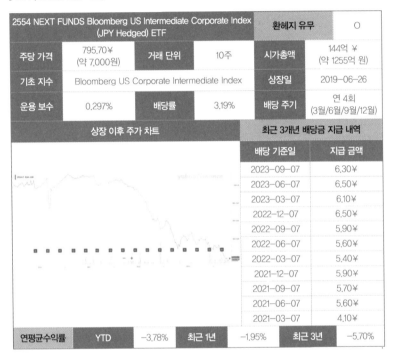

2554 NEXT FUNDS Bloomberg US Intermediate Corporate Index (JPY Hedged) ETF				환헤지 유무	○
주당 가격	795.70¥ (약 7,000원)	거래 단위	10주	시가총액	144억 ¥ (약 1255억 원)
기초 지수	Bloomberg US Corporate Intermediate Index			상장일	2019-06-26
운용 보수	0.297%	배당률	3.19%	배당 주기	연 4회 (3월/6월/9월/12월)

상장 이후 주가 차트	최근 3개년 배당금 지급 내역	
	배당 기준일	지급 금액
	2023-09-07	6.30¥
	2023-06-07	6.50¥
	2023-03-07	6.10¥
	2022-12-07	6.50¥
	2022-09-07	5.90¥
	2022-06-07	5.60¥
	2022-03-07	5.40¥
	2021-12-07	5.90¥
	2021-09-07	5.70¥
	2021-06-07	5.60¥
	2021-03-07	4.10¥

연평균수익률	YTD	-3.78%	최근 1년	-1.95%	최근 3년	-5.70%

잔존 만기 1~10년 사이의 투자 적격 등급인 미국 우량회사채에 투자하는 ETF입니다. 주당 가격은 약 7,000원이고 거래 단위는 10주입니다. 2019년에 상장되어 현재 시가총액은 1250억 원대이며, 연 4회의 분기 배당을 실시하고 있고 연배당률은 3.19%입니다. 바로 앞에서 소개해 드렸던 1496 ETF와 겹치는 종목이 상당히 많지만 세부 구성은 다릅니다.

표 3-13. 2554 NEXT FUNDS Bloomberg US Intermediate Corporate Index (JPY Hedged) ETF TOP 10 종목(2023년 11월 기준)

발행 회사	섹터	구성 비중
뱅크오브아메리카	금융	3.09%
모건스탠리	금융	2.45%
JP모건	금융	2.17%
씨티그룹	금융	2.00%
웰스파고	금융	1.90%
골드만삭스	금융	1.75%
HSBC	금융	1.59%
애플	IT	1.08%
T-모바일 US	통신	0.90%
바클레이즈	금융	0.90%
TOP 10 합계 비중		17.83%

해당 ETF는 약 600개의 회사에서 발행한 1,200개가량의 회사채로 구성되어 있습니다. 뱅크오브아메리카, 모건스탠리 등 세계적인 금융회사들이 높은 비중으로 담겨 있습니다. TOP 10 종목의 구성비중만 놓고 보면 1496 ETF보다 금융섹터의 비중이 좀 더 높은 편이고, 애플과 T-모바일 US 같은 비금융회사도 일부 포함되어 있습니다.

1496 ETF와 세부 종목 구성과 만기가 다를 뿐 특성은 거의 비슷하다고 보면 됩니다. 따라서 큰 위기가 발생할 경우 오히려 가격이 상승하는 미국 국채와 달리, 큰 폭의 하락을 겪을 가능성이 높다는 점도 같습니다. 환헤지로 인해 발생하는 숨은 비용 또한 아쉬운 점이라고 할 수 있습니다.

다만 일본 시장에 상장된 다른 미국 국채 ETF에 비해서 배당률이 높고, 1496 ETF에 비해 최근 고금리 상황에서도 상대적으로 방어력이 좋다는 점은 장점입니다. 2020년의 최고점 대비 1496 ETF가 −35% 수준인 데 반해, 해당 ETF는 −25%의 하락만을 보여 주고 있습니다. 최근 연평균수익률은 YTD −3.78%, 최근 1년 −1.95%, 최근 3년 −5.70%입니다. 우량 미국 회사채에 투자하고 싶은데 너무 큰 변동성은 싫다는 분들에게 적합한 ETF로 보입니다.

배당률이 높은 투기 등급 회사채 ETF

▌표 3-14. 1497 iShares USD High Yield Corporate Bond JPY Hedged ETF(2023년 11월 기준)

1497 iShares USD High Yield Corporate Bond JPY Hedged ETF				환헤지 유무		○
주당 가격	1,855¥ (약 16,000원)	거래 단위	1주	시가총액		169억 ¥ (약 1473억 원)
기초 지수	Markit iBoxx USD Liquid High Yield (TTM JPY Hedged)			상장일		2017-08-24
운용 보수	0.638%	배당률	5.56%	배당 주기		연 4회 (1월/4월/7월/10월)
상장 이후 주가 차트				최근 3개년 배당금 지급 내역		
				배당 기준일		지급 금액
				2023-10-11		26¥
				2023-07-11		26¥
				2023-04-11		27¥
				2023-01-11		22¥
				2022-10-11		25¥
				2022-07-11		26¥
				2022-04-11		24¥
				2022-01-11		22¥
				2021-10-11		22¥
				2021-07-11		21¥
				2021-04-11		23¥
				2021-01-11		25¥
연평균수익률	YTD	−1.80%	최근 3년	−3.03%	최근 5년	−0.88%

투기 등급인 미국 회사채에 투자하는 ETF입니다. 주당 가격은 약 16,000원이고 거래 단위는 1주입니다. 2017년에 상장되어 현재 시가 총액은 1470억 원대이며, 연 4회의 분기 배당을 실시하고 있고 연배 당률은 5.56%입니다. 동일한 성격의 ETF가 미국에는 USHY, 한국에는 Kodex iShares 미국하이일드 액티브라는 이름으로 상장되어 있습니다.

투기 등급이라는 말이 다소 오해의 소지가 있으니 먼저 짚고 넘어가는 게 좋겠네요. 투기 등급 회사채의 신용 등급은 투자 적격 등급 회사채에 비해 상대적으로 낮지만, 더 높은 금리를 제공한다는 점에서 메리트가 있습니다. 이 때문에 상품명에도 높은 수익을 뜻하는 하이일드High Yield라는 단어가 들어가 있죠. 따라서 투기 등급이란 말의 어감상 부실기업을 연상하게 되지만 실제론 전혀 그렇지 않습니다. 그저 상대적인 개념일 뿐입니다.

해당 ETF는 약 1,000개의 회사에서 발행한 1,900개가량의 회사 채들에 투자합니다. 대부분은 국내 투자자들에게 생소한 회사라서 굳이 TOP 10 종목을 소개해 드리지는 않겠습니다. 다만 세부 종목 중에는 포드, 롤스로이스, 아메리칸항공 등 유명 기업도 상당수 포함되어 있습니다. 이들 기업의 회사채는 다양한 만기별로 구성되어 있는데, 1~10년 사이의 중단기 회사채가 가장 높은 비중을 차지하고 있습니다.

일본 시장에 상장된 다른 채권 ETF들에 비해서 배당률이 높습니다. 다만 미국 시장의 USHY ETF의 최근 연평균수익률은 YTD

7.62%, 최근 3년 1.69%, 최근 5년 3.41%인 데 반해, 1497 iShares USD High Yield Corporate Bond JPY Hedged ETF는 YTD -1.80%, 최근 3년 -3.03%, 최근 5년 -0.88%에 불과합니다. 다른 일본 시장의 환헤지 ETF과 마찬가지로 숨은 비용으로 인해, 최근 수익률에 있어서 큰 타격을 받고 있는 모습입니다. 따라서 환헤지 비용이 큰 시기엔 장기 투자보다는, 높은 배당금을 받으면서 중단기 트레이딩에 활용하기에 괜찮은 ETF로 보입니다.

톺아보기

하나의 ETF로 주식과 채권에
동시에 투자할 순 없나요?

주식 60%, 채권 40%를 담고 있는 미국 시장의 AOR ETF는 그 시가총액이 2조 4000억 원 수준으로 많은 투자자에게 큰 인기를 얻고 있습니다. 주식과 채권의 비중을 조금씩 달리한 AOA, AOM, AOK와 같은 시리즈 ETF들도 출시되어 있습니다. 이러한 ETF를 잘만 활용한다면, 자산 배분 전략을 통해 시장의 변동성에 현명하게 대응해 나갈 수 있습니다. 아주 간편한 방법으로 주식의 수익률과 채권의 안정성을 동시에 가져갈 수 있는 것이죠.

일본 시장에도 주식과 채권을 동시에 담고 있는 ETF가 존재합니다. 바로 2863 NEXT FUNDS S&P US Equity and Bond Balance Conservative Index Yen-Hedged ETF입니다. S&P500에 25%, 미국 국채 7~10년물에 75%를 환헤지된 형태로 투자하고 있습니다. 그렇지만 2022년 말에 출시된 이 ETF는 아직까지 시가총액이 너무나도 작은 편입니다. 따라서 이 ETF의 움직임을 좀 더 면밀히 살펴본 후에 투자 여부를 결정하는 것이 좋아 보입니다.

PART IV

일본 시장 투자,
이것만은
알고 하자!

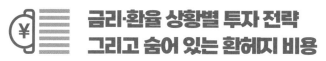

금리·환율 상황별 투자 전략 그리고 숨어 있는 환헤지 비용

금리차와 환율에 따라 달라지는 투자 전략

앞선 장들에서 알아본 ETF들을 어떤 식으로 활용하면 좋을지를 좀 더 구체적으로 이야기해 보겠습니다. 일본 시장에서 미국 주식·미국 채권에 투자할 땐 크게 두 가지 요소를 중점적으로 살펴봐야 합니다. 바로 양국(일본과 미국)의 금리차와 달러/엔 환율입니다.

이 기준에 따라서 정리해 본 금리·환율 상황별 투자 전략입니다.

▎표 4-1. 금리·환율 상황별 투자 전략

구분	일본과 미국의 금리차↑	일본과 미국의 금리차↓
달러/엔↑	환헤지 ETF 트레이딩/일본 주식 ETF	환헤지 ETF
달러/엔↓	환노출 ETF	환노출 ETF

달러/엔 환율이 높은 경우에는 환헤지 ETF가 유리하고, 낮은 경우에는 환노출 ETF가 유리합니다. 물론 절대적으로 따라야 하는 기준은 아니며, 실제 투자에서는 유연하게 환헤지 ETF와 환노출 ETF

를 섞어서 활용할 수 있습니다. 그저 환차손과 환헤지 비용의 관점에서 봤을 때 조금 더 유리한 선택이 무엇인지를 정리한 것입니다.

우선 환헤지 ETF와 환노출 ETF를 나누는 기준점인 달러/엔 환율에 대해서 알아볼까요? 사실 달러/엔 환율의 높고 낮음을 판단하는 절대적인 기준은 존재하지 않습니다. 물론 저 개인적으로는 적어도 달러/엔 환율이 130엔 이하인 영역에서 환노출 ETF에 관심을 가지는 것이 좋지 않을까 생각합니다. 하지만 이러한 생각은 향후 거시경제 상황에 따라 얼마든지 유동적으로 바뀔 수 있습니다. 따라서 달러/엔 환율에 대한 저마다의 기준점을 정해서 상황에 맞게 유연하게 대처하는 것만이 사실상 유일한 정답이라고 할 수 있습니다.

환헤지 비용을 결정하는 일본과 미국의 금리차

환헤지 비용=양국의 금리차+스와프 베이시스

다음으로는 왜 일본과 미국의 금리차가 환헤지와 환노출을 가르는 기준점이 되는지에 대해서 설명드리겠습니다. 환헤지 비용은 양국의 금리차에 스와프 베이시스를 더함으로써 결정됩니다. 사실 이 부분은 파생 상품과 관련되어 있어서 세부적으로 파고들자면 별도의 지면이 필요할 정도로 복잡합니다. 그리고 개인 투자자들은 굳이 깊이 알 필요도 없는 내용입니다.

다만 우리가 알아 두어야 하는 것은 일본과 미국의 금리차가 커질수록, 환헤지 비용 또한 커진다는 점입니다. 이 환헤지 비용은 ETF 운용 보수와는 별도이기 때문에, 명시적으로 얼마인지조차 표시되지 않습니다. 한마디로 숨은 비용인 것이죠. 그런데 이 숨은 비용이 생각보다 커서 투자수익률에도 큰 영향을 줄 수도 있다는 사실, 알고 계셨나요?

환헤지 비용은 해외투자 시 환율 변동으로 인한 위험을 없애는 데 들어가는 비용입니다. ETF 운용사가 환율 변동 위험을 회피하기 위해 외환시장에서 통화 파생 상품인 통화 선도나 통화 스와프 계약을 체결할 때 발생하는 비용인 것이죠. 이때 일본의 기준금리가 미국의 기준금리보다 높다면 역으로 환헤지 프리미엄이 발생할 수도 있습니다. 하지만 2023년 11월 기준으로 일본의 기준금리가 −0.10%인데 반해 미국의 기준금리는 5.50%입니다. 꼼짝없이 높은 환헤지 비용을 부담할 수밖에 없는 상황입니다.

그런데 최종 환헤지 비용은 양국의 기준금리 차이뿐만 아니라, 구체적인 환헤지 수단·기간 등의 전략에 따라서도 달라집니다. 상당히 가변적인 특성을 가지고 있는 것이죠. 이 때문에 환헤지 ETF의 상품별 연 환헤지 비용은 그동안의 수익률을 통해 대략적으로만 파악이 가능합니다.

그림 4-1. 일본과 미국의 기준금리 차이로 인해 점점 증가하는 환헤지 비용
출차: 블룸버그

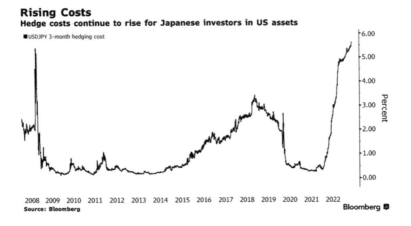

다만 2023년 2월경에 나온 블룸버그의 자료에 따르면, 환헤지 비용이 6%에 가까운 수준까지 증가했음을 알 수 있습니다. 미국이 본격적으로 기준금리 인상을 시작하던 2022년 초반부터 환헤지 비용이 급격히 상승하는 모습입니다. 당시 미국의 기준금리가 4.75%였다는 점을 고려하면 5.50%인 지금은 6%를 상회하는 수준일 것입니다.

이러한 상황으로 미루어 봤을 때 현재(2023년 11월)와 같은 상황에

표 4-2. 금리차와 환율이 모두 높을 때의 선택지

구분	일본과 미국의 금리차↑	일본과 미국의 금리차↓
달러/엔↑	환헤지 ETF 트레이딩/일본 주식 ETF	환헤지 ETF
달러/엔↓	환노출 ETF	환노출 ETF

선 환해지 ETF를 중단기 관점에서 트레이딩하거나 일본 주식을 매매하는 것이 가장 합리적입니다. 우선 환해지 ETF의 경우 연 6%의 환해지 비용을 고려하면, 매월 0.5%가량의 숨어 있는 비용을 낸다고 봐야 합니다. 언뜻 보면 적지만 오랜 기간 누적되면 생각보다 큰 손실로 돌아올 수 있습니다. 이 때문에 엔화 환율이 평균 회귀할 경우의 추정 수익과 환해지 비용으로 인한 추정 손실을 신중히 비교해 보고서 투자 여부를 결정해야 합니다.

지금처럼 금리차로 인해 큰 환해지 비용이 발생하는 시기에 환해지 ETF를 장기 투자용으로 매수하는 것은 다소 부적합해 보입니다. 다만 일본 은행과 미국 연준의 정책 변화가 그리 멀지 않았다는 목소리가 점점 커지고 있기에, 변화하는 상황에 맞는 유연한 대응도 함께 준비해 가야 합니다.

일본 주식 ETF는 일본·미국 간의 금리와 환율의 영향에서 자유롭기 때문에 괜찮은 선택지가 될 수 있습니다. 참고로 일본의 채권은 배당률이 아주 낮은 데다 향후 금리 인상 시 그 가격까지도 크게 하락할 수 있기에 매력적인 투자 대상으로는 보이지 않습니다.

바로 이어지는 내용에서는 일본 시장의 현황과 과연 일본 주식이 투자할 만한 가치가 있는지를 함께 알아보겠습니다.

환헤지 ETF의 각 상품별 환헤지 비용은
어떻게 알아볼 수 있을까요?

환헤지 비용은 운용 보수와는 별도로 부과되는 일종의 숨은 비용입니다. 자산운용사가 이를 ETF의 시장가격에 녹여내는 데다, 구체적인 비용에 대한 별도 공시도 하지 않기 때문이죠. 그래서 같거나 유사한 기초 지수를 추종하는 일본 시장 ETF와 미국 시장 ETF의 최근 수익률을 비교해 보는 수밖에 없습니다. 똑같이 미국 국채 20년물을 추종하는 일본 시장의 2621과 미국 시장의 TLT의 최근 수익률을 비교해 보는 식인 거죠. 하지만 이러한 방법 또한 대략적인 환헤지 비용 수준을 알아보는 데에만 도움이 될 뿐, 정확한 비용을 알아내기는 어렵다는 한계가 있습니다.

함께 알아 두면 좋은 일본 주식 ETF

잃어버린 30년에서 깨어나고 있는 일본 주식시장

최근 일본의 대표 지수인 닛케이225 지수가 33년 만에 3만 3,000 선을 돌파했습니다. 2023년 한 해 동안에만 +30%에 가까운 상승세를 보여 준 것입니다. 잃어버린 30년이라고 불릴 정도로 오랜 기간 저평가에 시달리던 일본 주식이 꿈틀대는 이유가 무엇일까요? 이러한 상승세의 배경에는 디플레이션 국면 탈출과 일본 기업들의 지배 구조 개선에 대한 기대감이 있습니다.

최근 일본은 중앙은행BOJ의 초완화적인 통화정책, 엔화 약세 등의 영향으로 2% 이상의 소비자물가 상승률을 보여 주고 있습니다. 이로 인해 오랫동안 이어진 디플레이션에서 탈출할 수 있을 거란 희망이 싹트고 있는 것이죠. 디플레이션은 기업의 투자와 소비자의 구매 활동을 모두 연기하게끔 만듭니다. 향후 물가 하락이 예상된다면 소비자로서는 구매를 서두를 이유가 없고, 기업 입장에서도 수요가 적은 재화를 적극적으로 만들어 낼 이유가 없기 때문이죠. 이 때문에 디플레이션은 경제성장에 있어서 그야말로 치명적입니다. 그래서 현재 일본 내 약간의 인플레이션은 기업의 미래 투자와 소비자의 지출을 촉진할 것으로 기대받고 있습니다.

지난 2023년 4월에는 도쿄증권거래소가 PBR주가순자산비율 9) 1배 미만인 상장사들에게 구체적인 주가 부양책을 요구하기도 했습니다. 또한 지속 가능한 성장을 위한 연구 개발R&D, 시설 투자, 사업 포트폴리오 구조 조정 등의 구체적인 조치들도 요청했습니다. 이로 인해 일본 기업들이 자사주 매입, 배당 확대 등의 주가 부양책을 적극 펼쳐 나갈 것으로 기대되고 있습니다. 현재 일본 기업들은 현금이 부채보다 더 많은, 순현금 상태인 경우가 많기 때문에 이러한 주주 환원 정책을 실행할 여력이 충분한 것으로 평가받고 있습니다. 더불어 엔화 약세의 영향으로 가격 경쟁력이 올라간 수출 기업들의 실적까지도 호조를 보이고 있죠.

거기다 일본은 미·중 분쟁으로 인한 수혜까지 톡톡히 보고 있습니다. 일례로 미국은 중국 반도체 산업에 대항하기 위해 칩 4Chip 4 동맹을 결성했습니다. 최첨단 반도체 기술을 선도하는 미국, 대한민국, 타이완, 일본이 똘똘 뭉쳐서 중국을 견제하자는 것이죠. 반도체 소재, 부품, 장비 분야의 강자이기도 한 일본은 이 기회를 놓치지 않기 위해 국가 차원에서 각고의 노력을 기울이고 있습니다. 여기에 중국을 이탈한 글로벌 기관들의 아시아 지역 투자 자금들이 일본으로 몰려들고 있습니다.

세계 최고의 투자자 워런 버핏도 투자하는 일본 주식

더욱 고무적인 것은 세계 최고의 투자자인 워런 버핏도 일본에 대규모로 투자하고 있다는 점입니다. 워런 버핏은 2020년부터 일본의 5대 종합상사인 미쓰비시(8058), 미츠이(8031), 이토추(8001), 마루베니(8002), 스미토모(8053)에 투자했습니다. 그는 노령에도 불구하고 직접 일본까지 날아가 일본 종합상사의 경영진들을 만나기도 했습니다. 심지어는 이 기업들에 "영원히 살아남을 기업"이라는 표현까지 써 가며 극찬했습니다. 최근에도 이들 회사의 보유 지분을 더 늘리면서 이러한 칭찬이 그저 빈말이 아니었음을 증명했습니다.

보다 흥미로운 점은 보수적인 투자자로 유명한 워런 버핏이 이례적으로 큰 대출을 끌어다 쓰면서까지 일본 주식을 매수했다는 것입니다. 이에 대해 워런 버핏의 오른팔로 불리는 찰리 멍거는 한 인터뷰에서 이렇게 말했습니다.

"일본 종합상사에 투자한 결정은 아주 쉽고도 간단한 일이었습니다. 10년 동안 0.5%의 금리로 엔화를 빌려서 매년 5%의 배당을 받을 수 있는 투자였기 때문이죠. 그야말로 100년에 1~2번 올까 말까 한 절호의 기회였습니다."[10]

---

9) 시가총액을 순자산으로 나눔으로써 주가가 1주당 순자산의 몇 배로 매매되고 있는지를 알려 주는 지표입니다. PBR이 1.0배 이상이면 고평가, 1.0배 이하이면 저평가되어 있음을 의미합니다. 하지만 부정확한 자산의 장부 가치, 향후 부정적인 업황 전망 등으로 1.0배 이하인 경우도 있으므로 투자 시 주의가 필요합니다.
10) https://www.acquired.fm/episodes/charlie-munger

일본에서 낮은 금리로 저렴하게 빌린 엔화를 통해 저평가받고 있던 훌륭한 기업의 지분을 모아 가는 전략이었던 것입니다. 세계에서 유일하게 마이너스 금리를 유지하고 있는 일본의 특수한 상황까지 고려한 결정이었던 거죠.

이렇듯 일본 주식이 전 세계 투자자들의 이목을 끌고 있는 상황이기에 우리도 일본 주식을 일정 부분 활용해 볼 필요가 있습니다.

국내 투자자들도 워런 버핏처럼
엔화 대출을 받을 수 있을까?

아쉽게도 대부분의 국내 투자자는 엔화 대출을 받을 수 없습니다. 현재 엔화 대출은 일본 관련 비즈니스를 하는 사업체 등 실제 필요한 경우에만 아주 제한적으로 해 주고 있습니다.

사실 과거에는 전문직, 중소업체 사장 등도 시중은행에서 쉽게 엔화 대출을 할 수 있었습니다. 한때 원화 대출에 비해 파격적으로 저렴한 금리 때문에 큰 인기를 끌기도 했죠. 하지만 2006년에 700원 후반 ~800원 초반대를 오가던 엔화 환율이 2009년 1,600원에 근접하는 수준까지 폭등해 버리면서, 급격히 상승한 이자로 인해 파산하는 사업체들이 속출했습니다. 이로 인해 엔화 대출의 조건이 엄격하게 바뀌게 된 것이죠.

그렇다면 워런 버핏은 왜 엔화 대출을 활용하는 것일까요? 우선 워런 버핏은 평범한 사람들과 달리 전 세계 최고의 투자자라는 신용이 있습니다. 어느 나라에서든지 최상의 조건으로 대출을 받을 수 있는 것이죠. 거기다 워런 버핏은 추후 상환 시에 일본 주식을 팔아 엔화로 대출을 갚을 수 있습니다. 한마디로 엔화를 엔화로 갚는 거죠. 반대로 과거에 엔화 대출로 낭패를 봤던 사업체들은 엔화를 원화로 바꾸어서 쓰다가, 원화를 다시 환전해 엔화 대출을 상환하려던 중에 문제가 생긴 것입니다. 그래서 환차손 가능성이 아예 없는 워런 버핏의 엔화 대출과 언뜻 보기엔 비슷해 보이지만 완전히 다른 결과로 이어졌던 거죠.

관심을 가져 볼 만한 일본 주식 ETF

일본 시장의 개별 주식은 100주 단위로 매매해야 하기 때문에 개인 투자자에게는 상당히 부담스러울 수밖에 없습니다. 일례로 우리나라에서도 유명한 유니클로의 지주회사인 패스트리테일링(9983)은 1주당 가격이 35,000¥(약 30만 원)이 넘습니다. 즉 패스트리테일링은 최소 매매 금액이 약 3000만 원인 셈이죠. 평범한 개인 투자자들에게는 상당히 부담스러운 금액입니다.

반면 일본 시장의 ETF는 1주 또는 10주 단위로 매매가 가능하기 때문에, 투자금이 크지 않은 개인 투자자들도 큰 부담 없이 매매할 수 있습니다. 그래서 일본 기업에 투자하는 수많은 상품 중에서 관심을 가져 볼 만한, 일본 대표 지수부터 섹터·테마별 ETF까지 골고루 정리해 보았습니다. 각 상품의 특징들을 잘 고려하여 각자의 성향에 맞는 ETF를 투자에 활용하기를 바랍니다.

일례로 일본이 잃어버린 30년을 극복하고 다시 장기적인 성장을 이룰 것이라고 본다면 1306이나 1321 같은 TOPIX나 니케이225 지수 ETF에, 워런 버핏처럼 일본 5대 종합상사에 투자하고 싶다면 1629에, 향후 일본 기준금리 인상의 수혜를 노린다면 은행주를 모아 둔 1615에, 일본 반도체 산업의 부활에 베팅하고 싶다면 2644에 투자하는 식이죠.

엔화로 미국 주식, 미국 채권에 투자하기 좋은 금리·환율 상황이 올 때까지만 일본 주식에 투자하고 싶은 분도 있을 겁니다. 그런 경우에는 엔화를 하릴없이 방치하기보다는 꾸준히 배당금을 받으면서 때를 기다리는 것이 좋은 대안일 수 있습니다. 투자 성향과 목표에 따라 상대적으로 변동성이 낮고 고배당을 실시하는 ETF들에 관심을 가져 보면 좋습니다. 다만 최근 일본 주식들의 상승세가 아주 가팔랐기 때문에, 중단기적인 관점에선 과열일 확률이 꽤 있습니다. 따라서 일본 주식 ETF 매매에 나설 분들께서는 주가의 흐름을 유심히 지켜보다가 어느 정도의 가격 조정이 나왔을 때 수량을 모아 가는 편이 좋아 보입니다.

▎ 표 4-3. 주요 일본 주식 ETF(2023년 12월 기준)

티커	종목명	개요	시가총액	배당률	YTD
1306	Nomura TOPIX Listed ETF	일본 대표지수 TOPIX	19조 7700억 ¥	2.13%	25.93%
1321	Nomura Nikkei 225 Listed ETF	일본 대표지수 니케이225	9조 1200억 ¥	1.68%	29.19%
1311	Nomura TOPIX Core 30 Listed ETF	TOPIX 지수 내 핵심 30개 종목	42억 ¥	1.53%	29.71%
1629	NEXT FUNDS TOPIX-17 COMMERCIAL & WHOLESALE TRADE ETF	워런 버핏이 투자한 일본 5대 종합상사 비중 70% 이상	39억 ¥	1.21%	40.38%
1615	Nomura TSE Bank Listed ETF	은행주	1190억 ¥	2.56%	32.25%
1632	NEXT FUNDS TOPIX-17 FINANCIALS (EX BANKS) ETF	은행을 제외한 금융회사	33억 ¥	0.71%	25.40%

2644	Global X Japan Semiconductor ETF	일본 반도체 산업	304억 ¥	0.69%	86.59%
2854	Global X Japan Tech Top 20 ETF	일본 기술주 상위 20개 종목	33억 ¥	0.80%	29.81%
2626	Global X Digital Innovation Japan ETF	디지털 혁신 관련 기업	42억¥	1.15%	12.99%
2641	Global X Japan Global Leaders ETF	글로벌 경쟁력을 갖춘 일본 기업	168억¥	3.38%	33.29%
1622	NEXT FUNDS TOPIX-17 AUTOMOBILES TRANSPORTATION EQUIPMENT ETF	자동차 운송장비	14억¥	5.15%	38.16%
1484	One ETF JPX/S&P CAPEX & Human Capital Index ETF	물리적·인적 자본에 적극 투자하는 일본 기업	602억 ¥	2.03%	22.44%
1343	NEXT FUNDS REIT INDEX ETF	일본 리츠	4786억 ¥	3.90%	-1.87%
1577	NEXT FUNDS Nomura Japan Equity High Dividend 70 ETF	일본 내 예상 배당률 상위 70개 종목	932억 ¥	3.43%	32.79%
1489	NEXT FUNDS Nikkei 225 High Dividend Yield Stock 50 Index ETF	니케이225 지수 내 고배당 50개 종목	1576억 ¥	3.65%	38.76%
1478	iShares MSCI Japan High Dividend ETF	고배당을 지급하는 재무가 우수한 일본 기업	631억 ¥	2.21%	35.76%
2564	Global X MSCI SuperDividend Japan ETF	고배당을 실시하는 25개 일본 기업	660억 ¥	4.10%	30.83%
1494	One ETF High Dividend Japan Equity ETF	TOPIX 종목 중 10년 이상 배당 성장·유지 종목	286억 ¥	3.02%	30.24%
2529	NEXT FUNDS Nomura Shareholder Yield 70 ETF	일본 주주 환원 상위 70개 종목	241억 ¥	3.03%	29.06%

일본 시장의 특징과 세금

일본 시장의 개장일과 거래 시간

우리나라와 일본은 같은 표준시를 쓰고 있기 때문에 해외시장임에도 시차가 전혀 없다는 장점이 있습니다. 시차가 큰 미국 시장에 투자하다 보면 늦은 밤이나 새벽에 거래해야 하는 경우가 많은데, 일본 시장 투자 시에는 그럴 일이 전혀 없는 거죠. 또한 동일한 동아시아 문화권에 속해 있다 보니 새해 첫날인 신정, 어린이날 같은 양국

▌그림 4-2. 네이버 검색 시에 볼 수 있는 일본 달력

<table>
<tr><td colspan="8">아시아 ∨　일본 ∨</td></tr>
<tr><td></td><td colspan="6">오늘 ＜　2024.02　＞</td><td>대한민국 기념일</td></tr>
<tr><td>일</td><td>월</td><td>화</td><td>수</td><td>목</td><td>금</td><td>토</td></tr>
<tr><td></td><td></td><td></td><td></td><td>1</td><td>2</td><td>3</td></tr>
<tr><td>4</td><td>5</td><td>6</td><td>7</td><td>8</td><td>9</td><td>10</td></tr>
<tr><td>11
일본 건국기
념일</td><td>12
일본 건국기
념일 대체..</td><td>13</td><td>14</td><td>15</td><td>16</td><td>17</td></tr>
<tr><td>18</td><td>19</td><td>20</td><td>21</td><td>22</td><td>23
일왕탄생일</td><td>24</td></tr>
<tr><td>25</td><td>26</td><td>27</td><td>28</td><td>29</td><td></td><td></td></tr>
</table>

공통의 기념일도 있습니다.

하지만 일본에만 있는 휴일들도 있어 미리 파악해 두는 게 좋습니다. 당연한 말이지만 이러한 휴일에는 주식시장도 개장하지 않기 때문이죠. 따라서 일본 시장 투자자라면 〈그림 4-2〉와 같이 네이버 달력을 활용해서 일왕탄생일, 건국기념일, 쇼와의 날 등 일본 고유의 휴일들을 대략적으로라도 확인해 놓아야 합니다. 네이버에서 '일본 달력'이라고 검색하면 간편하게 찾아볼 수 있습니다.

▌표 4-4. 일본시장 거래 시간

거래 시간	오전 정규장	09:00~11:30	
	점심 휴장	11:30~12:30	
	오후 정규장	12:30~15:00	
	동시호가[11]	08:00~09:00	12:05~12:30

한편 일본 시장은 우리나라와 동일하게 9시에 개장합니다. 다만 폐장 시간은 조금 빠른 15시입니다. 그리고 특이하게도 1시간의 점심 휴장(11:30~12:30) 시간도 있습니다. 이 점심 휴장을 기점으로 오전 정규장과 오후 정규장으로 나뉘죠. 참고로 11:30~12:05까지의 시간대에는 신규·정정·취소 주문이 불가하다는 점도 알아 두면 좋습니다.

---

11) 동일한 때에 가격을 부른다는 뜻으로 특정 시간대 동안의 주문을 모두 모아 일괄 처리하는 방식을 의미합니다. 정규장 때는 실시간으로 매수, 매도 가격이 결정되어 처리되는 것과는 대조적인 방식입니다.

과도기를 지나고 있는 일본 ETF 시장

일본의 ETF 시장은 전체 잔고의 80%가량을 일본 중앙은행이 보유하고 있을 정도로 아직까지는 개인 투자자의 참여도가 상대적으로 낮은 시장입니다. 그러다 보니 거래량이 낮아 유동성이 떨어지는 ETF들도 많고, 실질적으로 투자할 만한 매력적인 ETF의 종류도 적은 편입니다. 미국 시장보다 적은 것은 당연하고, 우리나라 시장에 비해서도 ETF의 다양성이 떨어진다는 느낌을 받을 정도입니다. 전 세계의 ETF 시장이 급격히 커지고 있는 것과는 대조적입니다.

일본 ETF 시장이 과도기를 지나고 있는 이유에는 여러 요인이 있겠지만, 개인 투자자들이 시장을 떠난 것이 가장 결정적이라고 할 수 있습니다. 물론 일본의 개인 투자자들이 처음부터 일본 시장을 외면했던 건 아닙니다. 1970년대만 해도 일본 증시엔 개인 투자자의 비중이 40%에 달하여 금융기관과 외국인보다도 큰손으로 군림했습니다.

하지만 일본의 버블 경제가 붕괴하면서 1989년 12월 29일에 3만 8,915이던 니케이225 지수가 2009년 3월 10일에는 7,054까지 추락하는 일이 벌어졌습니다. 무려 20년 동안이나 시장이 내리 우하향하며 주식이 5분의 1 토막이 나는 공포의 경험을 한 것이죠. 이런 트라우마가 있다 보니 일본의 평범한 사람들은 여전히 투자보다는 저축을 선호하는 편입니다. 이로 인해 상대적으로 다른 나라들에 비해 ETF 시장의 활력도 떨어질 수밖에 없었습니다.

엔화 환율이 비싸던 시기에는 우리나라 투자자들이 일본 ETF 시장에 관심을 가질 만한 이유가 거의 없었습니다. 미국 달러보다 국제적 위상이 떨어지는 엔화를 환전해 ETF의 다양성까지 떨어지는 일본 시장에 진입하는 건 사실 바보 같은 짓이었으니까요. 거기다 일본거래소_{JPX}와 일본자산운용사들이 중요 정보 중 상당 부분을 영어가 아닌 일본어로만 공시해 두는 것 또한 큰 장벽입니다. 그래서 일반적인 상황에선 미국이나 한국 시장에 있는 수많은 ETF에 투자하는 것이 보다 합리적인 선택이었던 거죠.

하지만 엔화 환율 800~900원대는 그런 일본 ETF 시장의 단점들을 상쇄하고도 남을 정도로 매력적인 가격대입니다. 더불어 최근에는 일본 국내외에 투자할 수 있는 다양한 ETF들이 계속 신규 상장되고 있습니다. 100주씩 매매해야 하는 일본 개별 주식과 달리, 1주 또는 10주 단위로 거래할 수 있는 ETF 시장이 커지고 있는 것이죠. 거기다 일본 금융청도 2024년부터 개인의 투자를 장려하기 위해 신 NISA[12]의 비과세 혜택을 파격적으로 확대할 예정이고, 기업들도 액면 분할을 통해 진입 장벽을 낮추기 위해 노력 중입니다. 향후 일본 증시와 ETF 시장의 성장이 더욱 기대되는 부분입니다.

---

12) 우리나라의 ISA와 비슷한 절세 계좌

일본 시장 금융 소득에 대한 세금 부과 기준

투자로 수익을 얻으면 납부해야 할 세금도 필연적으로 발생하게 됩니다. 죽음과 세금은 피할 수 없다는 말이 괜히 나온 게 아니겠죠? 그래서 부자일수록 이러한 세금 문제에 더욱 민감하고, 큰 비용을 들여 세무사의 자문을 받는 경우도 많습니다. 반면 평범한 개인 투자자들은 대체로 세금에 대해서 잘 모르거나 관심이 아예 없습니다. 최근에는 각 증권사에서 이러한 복잡한 세금 문제를 알아서 간편하게 처리해 주다 보니 그런 경우가 더욱 많아지는 것 같습니다. 하지만 세금은 최종 투자 수익과 밀접하게 연관되는 부분인 만큼, 투자자 스스로가 정확한 세금 체계를 알아 둘 필요가 있습니다.

해외 주식, ETF와 관련한 세금은 크게 세 가지로 나뉩니다. 바로 양도소득세, 배당소득세, 종합소득세입니다. 이들 세금의 정의와 주요 특징들에 대해서 하나씩 차근차근 알아보겠습니다.

양도소득세 금액 산출 예시

2023년에 일본과 미국 시장에서 발생한 수익금이 총 1,250만 원인 경우 계산식

- 1250만 원(실제 수익금)−250만 원(기본 공제금)=1000만 원(과세표준)
- 1000만 원(과세표준)×22%(양도소득세율)=220만 원(양도소득세)

첫 번째로 양도소득세입니다. 해외 주식·ETF 매매로 얻은 차익에 부과되는 세금입니다. 연간 차익금 중 초과된 250만 원에 대해 부과됩니다. 일본과 미국 시장에 동시에 투자하는 경우라면 양 시장에서 얻은 수익을 모두 더한 값이 기준점이 됩니다. 증권사 어플리케이션의 '해외 주식 양도세' 메뉴에 들어가면 전체 계좌의 정확한 양도차익·양도세액 등의 정보를 조회할 수 있습니다.

이때 차익금은 당해의 이익과 손실을 모두 더한 금액으로 산출됩니다. 이렇게 결정된 과세표준의 22%가 양도소득세(양도소득세 20%, 지방소득세 2%)로 부과되는 것이죠. 최종 부과된 금액은 다음 연도 5월의 양도소득세 신고 기간에 각 증권사에서 제공하는 양도소득세 대행 신고를 통해 납부하면 됩니다. 참고로 양도소득세 금액 산출 시에 이익과 손실이 상계되는 점 때문에, 절세 차원에서 연말에 이익·손실을 실현함으로써 세금 규모를 조정하기도 합니다.

두 번째로 배당소득세입니다. 개별 주식의 배당금이나 ETF의 분배금에 부과되는 세금입니다. 일본 시장의 경우 15.315%가 원천 징

배당소득세 금액 산출 예시

- 1000만 원의 평가 금액인 일본 시장의 A 주식이 연간 4%의 배당을 실시한 경우 계산식
- 1000만 원×4%(배당률)=40만 원(세전 배당금)
- 40만 원×15.315%(배당소득세율)=61,260원(배당소득세)
- 40만 원(세전 배당금)−61,260원(배당소득세)=338,740원(세후 배당금)

수됩니다. 배당금 또는 분배금 입금 시에 15.315%가 원천 징수된 상태로 입금되기 때문에 양도소득세와 달리 별도의 신고는 하지 않아도 됩니다. 미국의 배당소득세(15%)에 비해 0.315%가 더 부과되는 것은 일본에만 있는 부흥특별소득세 때문입니다.

부흥특별소득세는 2011년에 일어났던 동일본 대지진 관련 피해 복구를 위해 만들어진 세금 항목입니다. 2013년부터 2037년까지 25년 동안 징수되는 세금이죠. 이 부흥특별소득세는 기존 소득세에 2.1%를 더하는 방식으로 부과됩니다. 그래서 원래 배당소득세인 15%의 2.1%에 해당하는 0.315%가 추가로 붙게 된 것이죠.

마지막 세 번째로는 종합소득세입니다. 종합소득세는 금융 소득_{배당·이자소득}이 연간 2000만 원을 초과하는 금융 소득 종합과세 대상자에게 부과되는 세금입니다. 금융 소득 종합과세 대상자가 되면 배당·이자소득뿐만 아니라 근로, 사업, 연금, 기타소득 등 모든 소득이 합산된 금액을 기준으로 종합소득세를 납부해야 합니다. 이미 원천 징수된 형태로 배당소득세를 냈음에도 한 번 더 세금을 내야 하는 데다 과세표준 금액까지 많아져 더 높은 세율을 적용받을 우려도 있습니다.

그렇기 때문에 종합소득세를 가능한 한 내지 않을 수 있게끔 사전에 절세 전략을 잘 세워 두어야 합니다. 이를 위해 연금저축, ISA 등 분리과세가 되는 절세 계좌를 적극적으로 활용해 자산을 미리 배분해 두는 것이 좋습니다. 자산 규모가 너무 커서 금융 소득 종합과세 대상자가 되는 것을 피할 수 없는 분의 경우에는 최대한 소득공제와

세액공제를 많이 받을 수 있게끔 준비해 두는 게 최선이겠죠. 〈그림 4-3〉의 종합소득세 세액계산 흐름도에 따라 최종 부과된 금액은 다음 연도 5월 종합소득세 신고 기간에 납부하면 됩니다.

그림 4-3. 종합소득세 세액계산 흐름도
출처: 국세청

▌표 4-5. 2023년 종합소득세율

과세표준	세율	누진 공제
1400만 원 이하	6%	–
1400만 원 초과~5000만 원 이하	15%	126만 원
5000만 원 초과~8800만 원 이하	24%	576만 원
8800만 원 초과~1억 5000만 원 이하	35%	1544만 원
1억 5000만 원 초과~3억 원 이하	38%	1994만 원
3억 원 초과~5억 원 이하	40%	2594만 원
5억 원 초과~10억 원 이하	42%	3594만 원
10억 원 초과	45%	6594만 원

▌표 4-6. 양도소득세, 배당소득세, 종합소득세의 주요 특징

구분	정의	주요 특징
양도소득세	매매로 얻은 차익에 부과되는 세금	– 실제 수익금−기본 공제금(250만 원)=과세표준 – 과세표준×양도소득세율(22%)=양도소득세 – 다음 연도 5월 양도소득세 신고 기간에 납부
배당소득세	주식 배당금, ETF 분배금에 부과되는 세금	– 배당소득세 15.315%가 원천 징수 – 미국 시장(15%)에 비해 부흥특별소득세 0.315%가 더 부과
종합소득세	연 2000만 원을 초과하는 금융 소득에 부과되는 세금	– 금융 소득(배당·이자소득)이 연간 2000만 원을 초과할 경우 금융 소득 종합과세 대상 – 과세표준별로 적용받는 세율·누진 공제 구간이 상이 – 다음 연도 5월 종합소득세 신고 기간에 납부

빨리 부자가 되고 싶은 조급한 마음을 버리자

아마존 창업자 제프 베이조스가 세계 최고의 투자자인 워런 버핏에게 이런 질문을 한 적이 있습니다.

"당신의 투자 전략은 아주 간단합니다. 그런데 왜 사람들은 당신을 따라 하지 않나요?"

이에 워런 버핏은 이렇게 대답했습니다.

"모두 빨리 부자가 되려고 할 뿐 그 누구도 천천히 부자가 되려고 하지 않기 때문입니다."

투자를 하다 보면 여기저기서 들려오는 달콤한 속삭임들을 쉽게 접할 수 있습니다. 엄청난 수익률을 보장한다는 리딩방 광고, 따라만 하면 무조건 큰 수익을 얻는다는 투자 전략 같은 것들이 바로 그런 속삭임이죠. 평범한 우리의 조급한 마음을 이용하려는 이러한 유혹들에서 어떻게 하면 자유로워질 수 있을까요?

답은 간단합니다. 워런 버핏의 말대로 빨리 부자가 되고 싶은 욕심을 내려놓는 것입니다. 자신의 능력 범위를 고려해, 스스로 달성 가능한 수준의 현실적인 목표수익률을 세우고, 어떤 블랙스완Black Swan [13])이 닥치더라도 시장에서 퇴출당하지 않도록 철저히 자산을 배분해야 합니다. 하지만 이러한 투자의 원칙과 방법론에 대해서 말하는 콘텐츠는 대부분 인기가 없습니다. 투자란 그저 묵묵히 원칙을 지키면서 확률적 사고에 기반해 좋은 선택을 반복해 나가는 것일 뿐인데도 말입니다.

그저 유망한 종목이나 섹터의 자극적인 목표수익률을 제시하는 콘텐츠들이 훨씬 더 큰 인기를 끄는 것이 안타까운 현실입니다. 투자자 스스로의 노력 없이, 단순히 누군가를 따라 함으로써 빠르게 부자가 되고 싶은 심리를 자극하는 유혹이 너무나도 많습니다. 그래서인지 대부분의 개인 투자자들은 몇몇 종목이나 섹터에 집중 투자합니다. 심지어 TQQQ, SOXL, TMF, SQQQ와 같은 극도로 위험한 3배 레버리지 ETF를 집중적으로 매매하는 경우도 흔합니다. 1,000번을 이기더라도 1번만 지면 모든 걸 잃을 수밖에 없는, 사실상 투자라고 부르기도 민망한 투기의 영역인데도 말입니다.

무조건 돈을 벌 수 있다는 특정 투자 방법이 너무나도 매력적으로 보일 때는 항상 합리적인 의심을 해 봐야 합니다. 왜 투자의 대가들은 이렇게 빠르게 돈을 벌 수 있는 좋은 방법을 놔두고, 어렵고도

---

13) 도저히 일어나지 않을 것 같은 일이지만, 실제로 발생하면 엄청난 충격과 파급효과를 가져오는 현상을 의미합니다. 모든 백조는 희다고 믿고 있던 시절에 검은색 백조가 발견되었던 실제 사건에 기반해 생겨난 용어입니다.

고독한 길을 가는지에 대해서 말이죠. 최고의 금융 엘리트 코스를 밟고서 그들의 모든 시간과 역량을 투자에 쏟아붓는 월가의 투자자들조차 결국엔 S&P500 시장 지수도 못 이기는 경우가 태반입니다. 그런데 그들만큼 투자에 시간과 노력을 쏟지도 않으면서 빠르게 부를 이루길 희망하는 것은 대단히 비합리적인 일일 수밖에 없습니다. 막연한 긍정으로 나는 남들과는 다를 것이라고 믿는 오만이 당신을 큰 곤경에 빠트릴 확률이 높습니다.

그래서 충분한 자기객관화를 통해 현실적인 목표수익률을 세워보는 것이 좋습니다. 개인적으로 평범한 개인 투자자는 미국 시장의 연평균수익률과 비슷한 수준인 10%만 내도 아주 탁월하다고 생각합

그림 4-4. 간편 복리계산기를 활용한 장기 투자 수익률 계산 결과
출처: 마이핀플

니다. 〈그림 4-4〉에서 보여 드린 마이핀플www.myfinpl.com과 같은 사이트의 모의 투자계산기를 활용해, 각자의 상황에 맞는 시작 금액, 월 적립 금액, 연간수익률, 투자 기간을 넣어 시뮬레이션해 보는 것이 좋습니다. 이를 통해 스스로에게 필요한 행동이 무엇인지를 깨닫고, 투자 목표를 보다 구체화해 보길 권합니다.

뉴스에 너무 예민하게 반응하지 말자: 예측보단 대응

> 사람들은 주식시장을 예측하려고 하는데 그건 완전한 시간 낭비다. 아무도 시장을 정확히 예측할 수 없음에도 사람들은 금리를 예측하려고 한다. 하지만 누군가 금리를 연속해서 3번만 맞힐 수 있다면, 그는 억만장자가 될 수 있을 것이다.
>
> ─피터 린치Peter Lynch

투자 관련 블로그와 오픈카톡방을 운영하다 보면 이런 종류의 질문을 정말 많이 받곤 합니다. "이런 뉴스가 나왔다던데 환율 전망을 어떻게 보시나요?" 혹은 "이런 지표가 떴던데 앞으로 주식이 어떻게 될까요?"와 같은 식의 질문들 말입니다. 그때마다 제 답은 간단합니다.

"아무도 모릅니다. 어차피 제가 예측해 봐야 틀립니다. 어떠한 경우가 발생하더라도 대응할 수 있게끔 미리 준비만 해 놓으세요."

뉴스의 대부분은 결과에 끼워 맞추기식 해석의 근거로 활용되는 경우가 많습니다. 일례로 최근에 신규 고용이 8개월 만에 가장 많이 증가했다는 고용 보고서가 나오면서 미국 시장이 장초에 하락한 일이 있었습니다. 하지만 임금 상승세가 둔화되었단 내용이 투자자들의 주목을 받으면서 장 막판에는 반등에 성공했죠. 만약 이날 미국 시장이 하락으로 마감되었더라면 각종 경제 뉴스에 고용 보고서의 여파 때문이라는 기사가 실렸을 것입니다. 하지만 결과적으론 상승했다 보니 임금 상승세 둔화에 시장이 안심한 것이라는 해석이 추가된 것이죠.

　하루에 최소 8시간을 직장에 저당 잡혀 있는 개인 투자자들은 그렇지 않아도 투자에 할애할 수 있는 시간이 절대적으로 부족합니다. 그런데 왜 굳이 이렇게 큰 의미도 없는 각종 지표와 시황에 일희일비해야 하는 걸까요? 시장에 큰 영향을 주는 뉴스가 나오면, 차분히 상황에 맞게 대응만 하면 됩니다. 그러려면 불필요한 예측에 시간을 쏟아붓기보다는 다양한 경우의 수를 열어 두고서 각자의 상황에 맞는 대응 방법을 고민해 봐야 할 겁니다.

　개인 투자자들은 기관 투자자들과 달리 매 시기 평가받거나 투자 성적을 내지 않아도 됩니다. 일일이 매매 내역에 대한 구구절절한 근거를 적은 보고서를 상사에게 내지 않아도 됩니다. 괜스레 시장의 상황에 민감하게 반응할 필요가 없다는 뜻입니다. 이를 위해서는 모든 뉴스와 미세한 시장의 움직임을 해석하고 예측하려는 노력을 줄이고, 장기적인 관점에서 시장과 투자를 느긋하게 바라보는 습관을 들이는 것이 좋습니다. 이는 개인 투자자의 정신 건강뿐만 아니라, 실제적인 투자 성과에도 더 도움이 되는 방향입니다.

시장의 공포 심리를 역이용하자

최적의 매수 타이밍은 시장에 피가 낭자할 때다. 그것이 설령 당신의 피일지라도.

－존 템플턴John Templeton

시장은 해당 자산의 가치와 거시·미시경제 상황 등에 따라 움직이기도 하지만, 시장 참여자들의 심리로 인해 큰 변동성을 보여 주기도 합니다. 투자에 전적으로 시간과 역량을 투입하기 어려운 개인 투자자의 경우 자산의 본질적인 가치와 경제 상황을 전문가 수준으로 분석하기란 사실상 어렵습니다. 하지만 시장을 움직이는 심리 지표는 어렵지 않게 파악할 수 있습니다.

이러한 심리 지표를 파악하는 방법 중 지인 매매법이라고 불리는 것이 있습니다. 투자를 못하는 지인을 소위 인간 지표로 정해 놓고서 그와 정반대로 매매하는 방법입니다. 투자로 큰 손실을 보는 사람들은 보통 시장의 대세에 편승하려는 경향이 강합니다. 이미 큰 수익률을 보여 준 종목이나 주변에서 좋다고 추천하는 종목에 뒤늦게 진입하는 것이죠.

이런 특성을 고려해 봤을 때 지인 매매법은 꽤 일리가 있어 보이지만, 그 인간 지표의 객관성을 담보하기가 어렵다는 치명적인 단점이 있습니다. 좀 더 객관적으로 분석된 심리 지표가 필요한 것입니다. 따라서 좀 더 직관적으로 시장의 심리를 파악할 수 있는 지표들을 소개해 드리겠습니다.

▎그림 4-5. 공포탐욕지수Fear&Greed Index

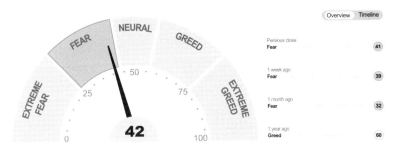

CNN Business에서 투자 심리를 반영하는 것으로 알려진 7개의 지표를 종합해 발표하는 미국 시장 심리지수입니다. 극단적 공포인 0부터 극단적 탐욕 구간인 100 사이에서 움직입니다. 극단적 공포에 가까울수록 매수를, 극단적 탐욕에 가까울수록 매도를 검토하는 것이 좋습니다.

시카고옵션거래소CBOE에서 거래되는 S&P500 지수 옵션의 변동성을 나타내는 지표이며, 증시 지수와는 대체로 반대로 움직여 공포 지수라고도 불립니다. VIX 지수가 위로 갈수록 극도의 공포를 나타냅니다. 실제로 과거의 중요 위기 시마다 이 VIX 지수가 급등했는데, 그러한 시기에는 적극적으로 매수를 고려해야 합니다.

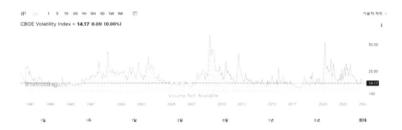

〈그림 4-7〉의 차트 하단 네모박스 부분에 RSI와 MACD OSC가 순차적으로 나타나 있습니다. 〈그림 4-8〉의 차트 설정에서 해당 지표를 체크해 주면 〈그림 4-7〉과 같이 표시됩니다.

┃ 그림 4-7. RSI와 MACD OSC

RSIRelative Strength Index 는 주가 추세의 강도를 의미하는 지표로서 상대강도 지수라고도 부릅니다. 0과 100 사이의 값을 가지며, 일반적으로 RSI가 30 이하면 과매도 구간으로서 매수를, 70 이상이면 과매수 구간으로 매도를 고려합니다.

MACD OSC Moving Average Convergence and Divergence Oscillator 는 이동평균선의 수렴과 발산을 통해 매매 타이밍을 잡는 보조 지표입니다. 0을 기준으로 위에 있으면 상승 추세, 밑에 있으면 하락 추세로 봅니다. 보통 막대 그래프의 길이가 상승 추세상에서 줄어들면 매도, 하락 추세상에서 줄어들면 매수에 유리한 시점으로 봅니다.

〈그림 4-9〉는 NH나무의 나무멤버스(월 2,900원) 회원에게만 제공

그림 4-9. NH나무 나무멤버스 AI 국면

되는 AI 기반 심리 지표입니다. 시장 전체, 섹터별, 종목별 심리 지표를 한눈에 볼 수 있습니다. 심리 지표뿐만 아니라 주가의 평균 회귀 기간, 기간 내 예상변동률도 보여 준다는 것이 큰 장점입니다.

다만 아직까지는 미국과 한국 시장에만 적용된다는 단점이 있습니다. 일본 시장의 미국 주식·미국 채권 투자 시에는 동일한 기초 지수를 추종하는 미국 시장의 종목을 참고하는 방식으로 활용이 가능합니다.

앞서 소개해 드린 보조 지표들을 활용하더라도 완벽한 저점 매수와 고점 매도를 할 수는 없습니다. 하지만 적어도 적당히 좋은 가격에 사고팔기에 좋은 도구로 활용할 수 있습니다. 그러기 위해서는 투자 시에 항상 분할 매수, 분할 매도로 접근하는 것이 좋습니다.

참고로 보통은 분할 매수, 분할 매도를 한 계좌 내에서 진행하는 경우가 많은데, 저는 아예 10개 정도의 계좌를 나누어서 매매하는 편입니다. 한 계좌에서 소위 물타기 형식으로 매수하면 평균 단가가 산출되는 것과 달리, 아예 계좌를 나누어서 매매하면 계좌마다 독립적인 단가가 산출되기 때문입니다.

이러한 방식은 주가가 평균 단가를 넘어가야만 익절이 가능한 물타기와는 달리, 아주 조금만 주가가 상승해도 익절을 통해 유연하게 현금 비중을 조절할 수 있다는 장점이 있습니다. 특히나 중단기 트레이딩을 목적으로 하는 종목이라면, 더더욱 물타기보다는 여러 계좌로 나누어서 매매하는 것이 좋습니다.

그리고 이러한 심리 지표 활용과 분할 매매는 우량 자산에 한해서 유의미하게 활용이 가능합니다. 해당 주식·ETF의 내재적 가치와 성장성을 우선적으로 분석한 다음에, 이러한 심리 지표 등을 보조적으로 활용하는 것이 바람직합니다. 특히 3배 레버리지 같은 파생 상품이나 영업이익을 못 내는 테마주 등은 시장의 광기에 의해 움직이는 경우도 많아 심리 지표가 무의미합니다.

또한 이러한 보조 지표는 절대적인 매수·매도 신호가 아니라, 그저 참고 지표일 뿐이라는 점을 항상 기억해야 합니다. 시장이 비이성적인 수준의 상승 또는 하락을 보여 주는 경우는 아주 흔합니다. 그렇기에 보조 지표를 절대 맹신해서는 안 됩니다. 이외에도 저마다의 심리 지표들을 찾아내 투자에 활용한다면, 시장의 공포 심리를 역이용하는 현명한 투자자가 될 수 있으리라 생각합니다.

신규 상장이 줄을 이을 때도 주의!

신규 상장IPO은 기업이 자사의 주식을 시장에 상장시킴으로써 공격적으로 투자를 유치하는 행위입니다. 한마디로 많은 돈이 몰릴수록 신규 상장 기업들에겐 좋은 일인 거죠. 그래서 신규 상장을 앞둔 기업들은 상장 시기를 아주 신중하게 정하는 편입니다. 시장이 활황일 때 상장해야 더 큰 관심을 끌고, 더 많은 투자를 끌어낼 수 있기 때문입니다. 따라서 신규 상장이 연이어 이루어지는 시기가 오면, 투자자는 현금을 서서히 확보하면서 경계심을 갖는 게 좋습니다.

핑계 대지 말고, 공부하고, 실천하기

어떤 식으로 투자를 시작하는 게 좋을지 물어오는 지인들이 종종 있습니다. 사실 아직 저 스스로의 투자 내공이 너무 많이 부족하다고 생각해서, 평소엔 굳이 먼저 투자 이야기를 꺼내지 않는 편입니다. 그럴 자격이 충분치 않은 데다 모든 사람이 반드시 투자를 해야만 하는 것도 아니니까요. 하지만 먼저 질문해 오는 경우에는 최대한 성심성의껏 제가 아는 범위 내에서, 당장 실천하기 쉬운 방법들을 알려 주곤 합니다. 그런데 상대가 이런 반응을 보일 때면 상당히 허탈해지곤 합니다.

"나도 투자가 하고 싶긴 해. 그런데 투자할 돈이 없는 걸 어떡해."

돈이 없으면 더 일하면 되고, 더 일하기 힘든 상황이라면 허리띠를 졸라매고 열심히 절약하면 됩니다. 하고자 하는 사람에게는 해낼 수 있는 방법이 보이고, 마음의 문이 닫힌 사람에게는 안 될 이유만 보인다고 생각합니다. 이 책에서 소개해 드린 대부분의 투자 전략은 단돈 몇 만 원만 있어도 바로 시작할 수 있는 아주 간단한 방법들입니다. 꼭 이 책에서 나오는 방법이 아니더라도, 요즘 각 증권사에서 선보이는 소수점주식거래를 활용한다면 단돈 1,000원으로도 당장 시작할 수 있는 것이 투자입니다.

저는 투자할 돈은 없다면서 습관적으로 택시를 타고, 외식을 하고, 비싼 커피를 마시는 경우를 너무나도 많이 보아 왔습니다. 심지어는 특별한 날이라며 수십만 원 하는 오마카세를 먹고, 아무렇지 않게 해외여행까지 가는 경우도 흔합니다. 정말 투자할 돈이 없었던 걸까요, 아니면 투자할 마음이 없었던 것뿐이었을까요? 스스로에게 솔직해지는 것이 모든 투자의 첫걸음이라고 생각합니다. 구체적인 전략과 방법론은 오히려 그보다 덜 중요한 부차적인 요소일 뿐이니까요.

여기까지 이 길고 지루한 일본 시장 투자 이야기를 참고 읽어 냈다면, 투자를 통해 인생을 좀 더 나은 방향으로 바꾸길 강렬하게 원하는 분이라고 생각합니다. 앞서도 말씀드렸지만 모든 사람이 반드시 투자를 해야만 하는 건 아닙니다. 평생 사랑과 봉사를 실천했던 테레사 수녀님, 무소유의 삶을 사신 법정 스님 같은 분들만 보더라도 알수 있죠. 인생엔 투자보다도 중요하고 고귀한 가치가 너무나도 많습니다. 하지만 스스로 투자를 하겠다고 결심했다면, 이런저런 핑계를 대기보다는 진정성 있는 공부를 하고 또 실천해야만 한다고 생각합니다.

혹자는 이렇게 말할지도 모르겠습니다. 이미 부의 양극화가 극에 달해서 평범한 사람이 부자가 되기에는 너무 늦었다고 말이죠. 그래서 열심히 일하고, 절약하고, 공부하고, 투자하는 것을 무의미하다고 말할지도 모르겠습니다. 정말 그들의 말처럼 인생의 귀한 시간을 괜스레 낭비하고 있는 것일지도 모릅니다. 다만 한 가지 분명한 것은 지금 이 순간에도 평범한 우리와 크게 다르지 않은 누군가는 투자를 통해 원하는 목적지에 도달하고 있다는 점입니다.

저는 세상만사는 모두 마음먹기에 달려 있다는 일체유심조一切唯心造라는 말을 참 좋아합니다. 스스로를 믿는 마음으로 공부하고 실천하다 보면, 어느새 자기 자신도 모르는 사이에 저마다 원하는 목적지에 도달할 수 있으리라 믿습니다. 세상 대부분의 진리가 사실 알고 보면 아주 간단한 것처럼, 투자 또한 마찬가지라고 생각합니다. 저를 포함한 블로거, 작가, 유튜버 등 그 누구도 맹목적으로 믿지 마시고, 그저 스스로 세운 원칙만을 우직하게 믿고 나아가길 바라 봅니다.

저는 이 책을 통해 100% 무조건 수익을 내는 일본 시장 투자 전략을 말씀드린 게 아닙니다. 모든 자산을 엔화로 바꾸라는 말도 당연히 아닙니다. 그저 엔화 환율이 이례적으로 800~900원대를 오가는 지금 같은 시기에, 자산 배분의 차원에서 일본 시장에도 관심을 가져 보면 좋겠다는 이야기를 들려 드렸을 뿐입니다. 저 또한 다양한 시행착오를 겪으면서 이 책을 통해 말씀드린 방식으로 실제 투자를 이어 가고 있기에, 자신 있게 제 투자법을 소개해 드릴 수 있었습니다. 소시민이지만 부자는 되고 싶은 저와 비슷한 투자자분들께 이 책이 아주 작게나마 도움이 되었길 바라면서 글을 마칩니다.

투자를 통해 더욱 행복해질
당신의 삶을 응원하며

엔화가 연일 역대급 저점을 형성하는 요즘입니다. 그러다 보니 엔화를 활용한 일본 시장 투자에 대해서 궁금한 점이 너무나도 많았습니다. 이 기회를 잘만 활용한다면 좋은 수익을 거두어, 경제적 자유에 한 발짝 더 다가갈 수 있으리라 판단했기 때문입니다.

하지만 국내에 한글로 된 일본 시장 투자 정보는 그야말로 전무한 상황이었습니다. 그래서 답답한 마음에 궁금한 부분을 직접 조사해서 제 투자 기록을 위해 운영하던 블로그에 글로 남기기 시작했습니다. 부디 다른 분들은 저처럼 시행착오를 겪지 않으면 좋겠다는 마음에서 말이죠.

그런데 너무나 감사하게도 이레미디어의 이형도 대표님께서 우연히 제 글을 좋게 보고서 이렇게 책을 집필할 수 있는 귀중한 기회를 주셨습니다. 투자에 실질적인 도움이 되면서도 쉽고 재밌게 읽을 수 있는 책을 써 보고 싶다는 것이 제 평생의 소원이었습니다. 아마 직장에서 은퇴할 무렵에나 그 소원을 이룰 수 있지 않을까 했는데, 생각보다 빨리 찾아온 기회에 그저 감사할 뿐입니다.

이 책은 어느 정도 투자 경력이 있는 분들뿐만 아니라, 투자에 대해서 잘 모르는 초심자들도 어렵지 않게 읽을 수 있도록 구성했습니다. 특히 사랑하는 아내와 미래의 제 아이가 읽어도 쉽게 이해할 수 있게끔 쓰기 위해서 최대한 노력했습니다.

제 부족한 글이 엔화를 활용한 미국 주식, 미국 채권, 일본 주식 투자에 나설 분들에게 부디 작게나마 도움이 되었길 바랍니다. 독자 여러분의 귀중한 시간을 제 책을 읽는 데 할애해 주셔서 감사합니다. 성공적인 투자로 저마다의 목표를 이루어 행복한 삶을 살아가길 진심으로 응원하겠습니다.

부록

일본 증시에는 미국 주식·미국 채권 ETF 말고도 투자해 볼 만한 매력적인 ETF가 많습니다. 그중에서 일학 개미의 투자 생활에 실질적인 도움이 될 만한 ETF들을 엄선해 보았습니다. ETF별 특징을 잘 파악해 각자의 투자 상황에 맞게끔 활용해 보길 바라겠습니다.

그럼 일본과 글로벌 시장에 투자하는 주식·채권 ETF를 함께 알아보도록 할까요?

일본 시장에 투자하는 주식 & 채권 ETF

▌부록 표-1. 1306 Nomura TOPIX Listed ETF(일본 대표 지수 TOPIX)

주당 가격	2,441.50¥ (약 22,400원)	거래 단위	10주	시가총액	19조 7700억 ¥ (약 181조 원)
기초 지수	TOPIX Index			상장일	2001-07-11
운용 보수	0.0621%	배당률	2.13%	배당 주기	연 1회 (7월)

상장 이후 주가 차트	최근 3개년 배당금 지급 내역	
	배당 기준일	지급 금액
	2023-07-10	52.10¥
	2022-07-10	46.40¥
	2021-07-10	36.60¥

연평균수익률	YTD	25.93%	최근 5년	11.98%	최근 10년	8.65%

▌부록 표-2. 1306 Nomura TOPIX Listed ETF TOP 10 종목

종목명	티커	구성 비중
토요타 자동차	7203	4.43%
소니	6758	2.62%
미쓰비시 UFJ 파이낸셜그룹	8306	2.48%
키엔스	6861	1.83%
NTT	9432	1.49%
도쿄 일렉트론	8035	1.47%
스미토모 미쓰이 파이낸셜그룹	8316	1.47%
히타치	6501	1.44%
미쓰비시상사	8058	1.39%
신에츠화학	4063	1.37%
TOP 10 합계 비중		19.99%

▮ 부록 표-3. 1321 Nomura Nikkei225 Listed ETF(일본 대표 지수 니케이225)

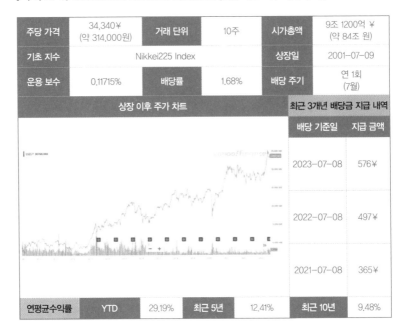

주당 가격	34,340¥ (약 314,000원)	거래 단위	10주	시가총액	9조 1200억 ¥ (약 84조 원)
기초 지수	Nikkei225 Index			상장일	2001-07-09
운용 보수	0.11715%	배당률	1.68%	배당 주기	연 1회 (7월)

상장 이후 주가 차트	최근 3개년 배당금 지급 내역	
	배당 기준일	지급 금액
	2023-07-08	576¥
	2022-07-08	497¥
	2021-07-08	365¥

연평균수익률	YTD	29.19%	최근 5년	12.41%	최근 10년	9.48%

▮ 부록 표-4. 1321 Nomura Nikkei225 Listed ETF TOP 10 종목

종목명	티커	구성 비중
패스트 리테일링	9983	10.92%
도쿄 일렉트론	8035	7.00%
어드밴테스트	6857	3.64%
소프트뱅크그룹	9984	3.51%
KDDI	9433	2.69%
신에츠 화학공업	4063	2.53%
다이킨공업	6367	2.15%
TDK	6762	2.00%
화낙	6954	2.00%
테루모	4543	1.83%
TOP 10 합계 비중		38.27%

▌부록 표-5. 1311 Nomura TOPIX Core 30 Listed ETF(TOPIX 지수 내 핵심 30개 종목)

주당 가격	1,176¥ (약 11,000원)	거래 단위	10주	시가총액	42억 ¥ (약 384억 원)
기초 지수	TOPIX Core 30 Index			상장일	2002-04-02
운용 보수	0.209%	배당률	1.53%	배당 주기	연 1회 (7월)

상장 이후 주가 차트	최근 3개년 배당금 지급 내역	
	배당 기준일	지급 금액
	2023-07-15	17.90¥
	2022-07-15	14.10¥
	2021-07-15	12.40¥

연평균수익률	YTD	29.71%	최근 5년	14.44%	최근 10년	8.10%

▌부록 표-6. 1311 Nomura TOPIX Core 30 Listed ETF TOP 10 종목

종목명	티커	구성 비중
토요타 자동차	7203	11.45%
소니	6758	6.76%
미쓰비시 UFJ 파이낸셜그룹	8306	5.78%
키엔스	6861	4.66%
NTT	9432	3.85%
도쿄 일렉트론	8035	3.82%
스미토모 미쓰이 파이낸셜그룹	8316	3.79%
히타치	6501	3.74%
미쓰비시상사	8058	3.60%
신에츠화학	4063	3.53%
TOP 10 합계 비중		50.98%

| 부록 표-7. 1629 NEXT FUNDS TOPIX-17 COMMERCIAL & WHOLESALE TRADE ETF (워런 버핏이 투자한 일본 5대 종합상사 비중 70% 이상)

주당 가격	69,530¥ (약 636,000원)	거래 단위	1주	시가총액	39억 ¥ (약 357억 원)
기초 지수	TOPIX-17 COMMERCIAL & WHOLESALE TRADE index			상장일	2008-03-21
운용 보수	0.352%	배당률	1.21%	배당 주기	연 1회(7월)

상장 이후 주가 차트		최근 3개년 배당금 지급 내역	
		배당 기준일	지급 금액
		2023-07-15	842¥
		2022-07-15	574¥
		2021-07-15	2,024¥

연평균수익률	YTD	40.38%	최근 5년	21.00%	최근 10년	15.09%

| 부록 표-8. 1629 NEXT FUNDS TOPIX-17 COMMERCIAL & WHOLESALE TRADE ETF TOP 10 종목

종목명	티커	구성 비중
미츠비시상사	8058	20.74%
미츠이물산	8031	18.44%
이토추상사	8001	16.32%
마루베니	8002	8.20%
스미토모상사	8053	8.03%
토요타통상	8015	3.13%
소지쯔	2768	1.56%
미스미그룹	9962	1.54%
고베물산	3038	1.31%
메이팔 홀딩스	7459	1.19%
TOP 10 합계 비중		80.46%

❚ 부록 표-9. 1615 Nomura TSE Bank Listed ETF(은행주)

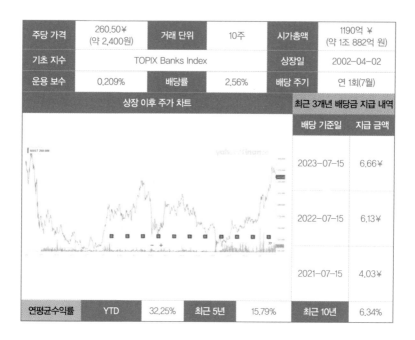

주당 가격	260.50¥ (약 2,400원)	거래 단위	10주	시가총액	1190억 ¥ (약 1조 882억 원)
기초 지수	TOPIX Banks Index			상장일	2002-04-02
운용 보수	0.209%	배당률	2.56%	배당 주기	연 1회(7월)

상장 이후 주가 차트	최근 3개년 배당금 지급 내역	
	배당 기준일	지급 금액
	2023-07-15	6.66¥
	2022-07-15	6.13¥
	2021-07-15	4.03¥

연평균수익률	YTD	32.25%	최근 5년	15.79%	최근 10년	6.34%

❚ 부록 표-10. 1615 Nomura TSE Bank Listed ETF TOP 10 종목

종목명	티커	구성 비중
미쓰비시 UFJ 파이낸셜그룹	8306	31.23%
스미토모 미츠이 파이낸셜그룹	8316	20.36%
미즈호 파이낸셜그룹	8411	13.63%
재팬 포스트 은행	7182	6.10%
스미토모 미츠이 트러스트 홀딩스	8309	4.00%
리소나 홀딩스	8308	3.72%
콩고디아 파이낸셜그룹	7186	1.48%
후쿠오카 파이낸셜그룹	8354	1.37%
치바은행	8331	1.24%
시즈오카 파이낸셜그룹	5831	1.13%
TOP 10 합계 비중		84.26%

부록 표-11. 1632 NEXT FUNDS TOPIX-17 FINANCIALS (EX BANKS) ETF
(은행을 제외한 금융회사]

주당 가격	19,315¥ (약 180,000원)	거래 단위	1주	시가총액	33억 ¥ (약 302억 원)
기초 지수	TOPIX-17 Financials (Ex Banks) Index			상장일	2008-03-21
운용 보수	0.352%	배당률	0.71%	배당 주기	연 1회(7월)

상장 이후 주가 차트	최근 3개년 배당금 지급 내역	
	배당 기준일	지급 금액
	2023-07-15	138¥
	2022-07-15	338¥
	2021-07-15	474¥

연평균수익률	YTD	25.40%	최근 5년	14.87%	최근 10년	8.11%

부록 표-12. 1632 NEXT FUNDS TOPIX-17 FINANCIALS (EX BANKS) ETF TOP 10 종목

종목명	티커	구성 비중
도쿄마린 홀딩스	8766	23.65%
오릭스	8591	10.79%
다이이치생명 홀딩스	8750	9.88%
MS&AD 인슈어런스그룹 홀딩스	8725	8.13%
솜포 홀딩스	8630	7.02%
노무라 홀딩스	8604	6.70%
일본 거래소그룹	8697	5.17%
다이와증권그룹	8601	4.85%
T&D 홀딩스	8795	4.17%
SBI 홀딩스	8473	3.08%
TOP 10 합계 비중		83.44%

▎부록 표-13. 2644 Global X Japan Semiconductor ETF(일본 반도체산업)

주당 가격	3,765¥ (약 35,000원)	거래 단위	1주	시가총액	304억 ¥ (약 2780억 원)
기초 지수	FactSet Japan Semiconductor Index			상장일	2021-09-24
운용 보수	0.649%	배당률	0.69%	배당 주기	연 2회(4월/10월)

상장 이후 주가 차트	최근 3개년 배당금 지급 내역	
	배당 기준일	지급 금액
	2023-10-24	7¥
	2023-04-24	19¥
	2022-10-24	10¥
	2022-04-24	17¥

연평균수익률	YTD	86.59%	최근 3개월	25.57%	최근 1년	80.91%

▎부록 표-14. 2644 Global X Japan Semiconductor ETF TOP 10 종목

종목명	티커	구성 비중
레이저테크	6920	13.34%
디스코	6146	12.45%
도쿄 일렉트론	8035	10.83%
스크린 홀딩스	7735	8.65%
르네사스 일렉트로닉스	6723	8.04%
어드밴테스트	6857	7.79%
롬	6963	7.75%
맥니카 홀딩스	3132	4.41%
도쿄정밀	7729	4.27%
알박	6728	3.81%
TOP 10 합계 비중		81.34%

▌부록 표-15. 2854 Global X Japan Tech Top 20 ETF(일본 기술주 상위 20개 종목)

주당 가격	1,254¥ (약 12,000원)	거래 단위	1주	시가총액	33억 ¥ (약 302억 원)
기초 지수	FactSet Japan Tech Top 20 Index			상장일	2022-06-22
운용 보수	0.3025%	배당률	0.80%	배당 주기	연 2회(4월/10월)

상장 이후 주가 차트	최근 3개년 배당금 지급 내역	
	배당 기준일	지급 금액
	2023-10-24	5¥
	2023-04-24	5¥
	2022-10-24	6¥

연평균수익률	YTD	29.81%	최근 3개월	9.92%	최근 1년	27.20%

▌부록 표-16. 2854 Global X Japan Tech Top 20 ETF TOP 10 종목

종목명	티커	구성 비중
닌텐도	7974	10.62%
도쿄 일렉트론	8035	10.24%
소니	6758	10.23%
키엔스	6861	10.16%
리쿠르트 홀딩스	6098	9.60%
호야	7741	7.35%
후지쯔	6702	5.58%
화낙	6954	5.55%
캐논	7751	5.15%
후지필름 홀딩스	4901	4.47%
TOP 10 합계 비중		78.95%

| 부록 표-17. 2626 Global X Digital Innovation Japan ETF(디지털 혁신 관련 기업)

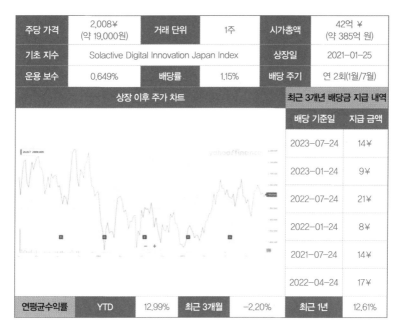

주당 가격	2,008¥ (약 19,000원)	거래 단위	1주	시가총액	42억 ¥ (약 385억 원)
기초 지수	Solactive Digital Innovation Japan Index			상장일	2021-01-25
운용 보수	0.649%	배당률	1.15%	배당 주기	연 2회(1월/7월)

상장 이후 주가 차트		최근 3개년 배당금 지급 내역	
		배당 기준일	지급 금액
		2023-07-24	14¥
		2023-01-24	9¥
		2022-07-24	21¥
		2022-01-24	8¥
		2021-07-24	14¥
		2022-04-24	17¥

연평균수익률	YTD	12.99%	최근 3개월	-2.20%	최근 1년	12.61%

| 부록 표-18. 2626 Global X Digital Innovation Japan ETF TOP 10 종목

종목명	티커	구성 비중
소니	6758	5.24%
소프트뱅크	9434	5.22%
NTT	9432	5.18%
닌텐도	7974	5.17%
세콤	9735	5.15%
KDDI	9433	5.07%
소프트뱅크그룹	9984	4.99%
넥슨 재팬	3659	4.96%
후지필름 홀딩스	4901	4.90%
LY 주식회사	4689	4.76%
TOP 10 합계 비중		50.64%

▋ 부록 표-19. 2641 Global X Japan Global Leaders ETF(글로벌 경쟁력을 갖춘 일본 기업)

주당 가격	2,523¥ (약 23,000원)	거래 단위	1주	시가총액	168억 ¥ (약 1536억 원)
기초 지수	FactSet Japan Global Leaders ESG Index			상장일	2021-06-21
운용 보수	0.3025%	배당률	3.38%	배당 주기	연 2회(6월/12월)

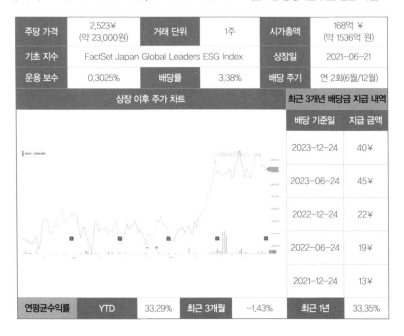

상장 이후 주가 차트	최근 3개년 배당금 지급 내역	
	배당 기준일	지급 금액
	2023-12-24	40¥
	2023-06-24	45¥
	2022-12-24	22¥
	2022-06-24	19¥
	2021-12-24	13¥

연평균수익률	YTD	33.29%	최근 3개월	-1.43%	최근 1년	33.35%

▋ 부록 표-20. 2641 Global X Japan Global Leaders ETF TOP 10 종목

종목명	티커	구성 비중
토요타자동차	7203	11.48%
미쓰비시상사	8058	9.57%
소니	6758	9.49%
미쓰이물산	8031	8.42%
히타치	6501	8.18%
무라타제작소	6981	6.24%
리쿠르트 홀딩스	6098	5.81%
닌텐도	7974	5.16%
다케다 제약	4502	4.70%
스미토모상사	8053	3.73%
TOP 10 합계 비중		72.78%

부록 표-21. 1622 NEXT FUNDS TOPIX-17 AUTOMOBILES TRANSPORTATION
EQUIPMENT ETF(자동차 및 운송장비)

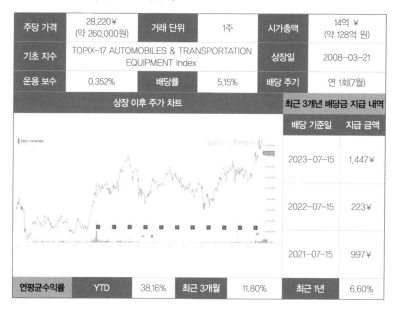

주당 가격	28,220¥ (약 260,000원)	거래 단위	1주	시가총액	14억 ¥ (약 128억 원)
기초 지수	TOPIX-17 AUTOMOBILES & TRANSPORTATION EQUIPMENT Index			상장일	2008-03-21
운용 보수	0.352%	배당률	5.15%	배당 주기	연 1회(7월)

상장 이후 주가 차트			최근 3개년 배당금 지급 내역	
			배당 기준일	지급 금액
			2023-07-15	1,447¥
			2022-07-15	223¥
			2021-07-15	997¥

연평균수익률	YTD	38.16%	최근 3개월	11.80%	최근 1년	6.60%

부록 표-22. 1622 NEXT FUNDS TOPIX-17 AUTOMOBILES TRANSPORTATION EQUIPMENT
ETF TOP 10 종목

종목명	티커	구성 비중
토요타자동차	7203	48.09%
혼다자동차	7267	11.53%
덴소	6902	5.98%
브리지스톤	5108	5.59%
스즈키자동차	7269	3.47%
도요타자동직기	6201	3.37%
시마노	7309	2.93%
후지중공업	7270	2.60%
닛산자동차	7201	2.60%
이스즈자동차	7202	1.78%
TOP 10 합계 비중		87.94%

부록 표-23. 1484 One ETF JPX/S&P CAPEX & Human Capital Index ETF
(물리적·인적 자본에 적극 투자하는 일본 기업)

주당 가격	2,373¥ (약 22,000원)	거래 단위	10주	시가총액	602억 ¥ (약 5505억 원)
기초 지수	JPX/S&P CAPEX&Human Capital TR JPY			상장일	2016-06-09
운용 보수	0.1815%	배당률	2.03%	배당 주기	연 2회(1월/7월)

상장 이후 주가 차트		최근 3개년 배당금 지급 내역	
		배당 기준일	지급 금액
		2023-07-08	26.30¥
		2023-01-08	21.90¥
		2022-07-08	23.90¥
		2022-01-08	17.30¥
		2021-07-08	20.30¥
		2021-01-08	14.20¥

연평균수익률	YTD	22.44%	최근 3개월	13.05%	최근 1년	13.61%

부록 표-24. 1484 One ETF JPX/S&P CAPEX & Human Capital Index ETF TOP 10 종목

종목명	티커	구성 비중
미쓰비시 UFJ 파이낸셜그룹	8306	4.48%
소니	6758	4.46%
키엔스	6861	4.39%
NTT	9432	3.89%
도쿄마린 홀딩스	8766	3.23%
이토추상사	8001	2.85%
미쓰이물산	8031	2.82%
닌텐도	7974	2.66%
스미토모 미쓰이 파이낸셜그룹	8316	2.56%
다이이찌산쿄	4568	2.55%
TOP 10 합계 비중		33.89%

▌부록 표-25. 1343 NEXT FUNDS REIT INDEX ETF(일본 대표 리츠)

주당 가격	2,373¥ (약 22,000원)	거래 단위	10주	시가총액	602억 ¥ (약 5505억 원)
기초 지수	JPX/S&P CAPEX&Human Capital TR JPY		상장일	2016-06-09
운용 보수	0.1815%	배당률	2.03%	배당 주기	연 2회(1월/7월)

상장 이후 주가 차트	최근 3개년 배당금 지급 내역	
	배당 기준일	지급 금액
	2023-11-10	19.20¥
	2023-08-10	18.30¥
	2023-05-10	19.60¥
	2023-02-10	17.90¥
	2022-11-10	18.80¥
	2022-08-10	17.20¥
	2022-05-10	19.50¥
	2022-02-10	16.30¥
	2021-11-10	18.80¥
	2021-08-10	16.10¥
	2021-05-10	19.00¥
	2021-02-10	16.60¥

연평균수익률	YTD	−1.87%	최근 3개월	4.04%	최근 1년	5.76%

▌부록 표-26. 1343 NEXT FUNDS REIT INDEX ETF TOP 10 종목

종목명	티커	구성 비중
닛폰 빌딩 투자법인	8951	6.78%
일본 부동산 투자법인	8952	5.53%
노무라 부동산 마스터 펀드	3462	5.14%
닛폰 프롤로지스 리츠	3283	4.57%
KDX 리얼티 인베스트먼트	8972	4.56%
일본 메트로폴리탄 펀드 인베스트먼트	8953	4.42%
GLP J-리츠	3281	4.42%
다이와 하우스 리츠 투자	8984	3.72%
오릭스 제이리츠	8954	3.25%
유나이티드 어반 투자법인	8960	3.03%
TOP 10 합계 비중		45.42%

부록 표-27. 1577 NEXT FUNDS Nomura Japan Equity High Dividend 70 ETF
(일본 내 예상 배당률 상위 70개 종목)

주당 가격	31,530¥ (약 290,000원)	거래 단위	1주	시가총액	932억 ¥ (약 8523억 원)
기초 지수	Nomura Japan Equity High Dividend 70 Index			상장일	2013-03-05
운용 보수	0.352%	배당률	3.43%	배당 주기	연 4회 (1월/4월/7월/10월)

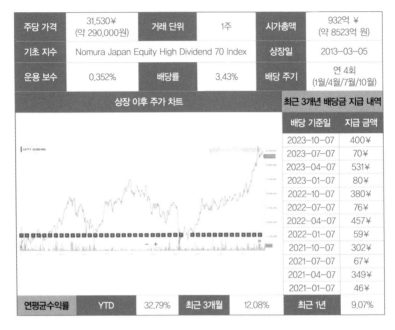

상장 이후 주가 차트	최근 3개년 배당금 지급 내역	
	배당 기준일	지급 금액
	2023-10-07	400¥
	2023-07-07	70¥
	2023-04-07	531¥
	2023-01-07	80¥
	2022-10-07	380¥
	2022-07-07	76¥
	2022-04-07	457¥
	2022-01-07	59¥
	2021-10-07	302¥
	2021-07-07	67¥
	2021-04-07	349¥
	2021-01-07	46¥

연평균수익률	YTD	32.79%	최근 3개월	12.08%	최근 1년	9.07%

부록 표-28. 1577 NEXT FUNDS Nomura Japan Equity High Dividend 70 ETF TOP 10 종목

종목명	티커	구성 비중
이데미쓰 고산	5019	1.67%
이스즈자동차	7202	1.53%
가와사키기선	9107	1.52%
엔와이케이라인	9101	1.50%
미쓰이화학	4183	1.47%
ENEOS 홀딩스	5020	1.47%
코스모 에너지 홀딩스	5021	1.45%
미쓰이 O.S.K. 라인스	9104	1.45%
유초은행	7182	1.44%
도쿄마린 홀딩스	8766	1.44%
TOP 10 합계 비중		14.94%

부록 표-29. 1489 NEXT FUNDS Nikkei225 High Dividend Yield Stock 50 Index ETF
(니케이225 지수 내 고배당 50개 종목)

주당 가격	57,770¥ (약 530,000원)	거래 단위	1주	시가총액	1576억 ¥ (약 1조 4412억 원)
기초 지수	Nikkei225 High Dividend Yield Stock 50 Index			상장일	2017-02-10
운용 보수	0.308%	배당률	3.65%	배당 주기	연 4회 (1월/4월/7월/10월)

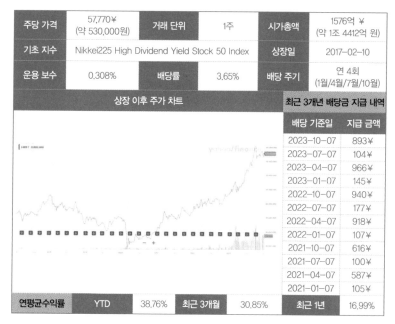

상장 이후 주가 차트		최근 3개년 배당금 지급 내역	
		배당 기준일	지급 금액
		2023-10-07	893¥
		2023-07-07	104¥
		2023-04-07	966¥
		2023-01-07	145¥
		2022-10-07	940¥
		2022-07-07	177¥
		2022-04-07	918¥
		2022-01-07	107¥
		2021-10-07	616¥
		2021-07-07	100¥
		2021-04-07	587¥
		2021-01-07	105¥

연평균수익률	YTD	38.76%	최근 3개월	30.85%	최근 1년	16.99%

부록 표-30. 1489 NEXT FUNDS Nikkei225 High Dividend Yield Stock 50
Index ETF TOP 10 종목

종목명	티커	구성 비중
가와사키기선	9107	4.59%
미쓰이 O.S.K. 라인스	9104	3.55%
일본제철	5401	3.53%
재팬토바코	2914	3.47%
국제석유개발제석	1605	3.38%
소프트뱅크	9434	3.36%
미쓰비시 UFJ 파이낸셜그룹	8306	3.28%
미즈호 파이낸셜그룹	8411	3.14%
스미토모 미쓰이 파이낸셜그룹	8316	3.12%
엔와이케이라인	9101	2.99%
TOP 10 합계 비중		34.41%

부록 표-31. 1478 iShares MSCI Japan High Dividend ETF
(고배당을 지급하는 재무가 우수한 일본 기업)

주당 가격	3,125¥ (약 29,000원)	거래 단위	1주	시가총액	631억 ¥ (약 5770억 원)
기초 지수	MSCI Japan High Dividend Yield Index			상장일	2015-10-19
운용 보수	0.209%	배당률	2.21%	배당 주기	연 2회(2월/8월)

상장 이후 주가 차트	최근 3개년 배당금 지급 내역	
	배당 기준일	지급 금액
	2023-08-09	38¥
	2023-02-09	31¥
	2022-08-09	49¥
	2022-02-09	27¥
	2021-08-09	29¥
	2021-02-09	28¥

연평균수익률	YTD	35.76%	최근 3개월	21.73%	최근 1년	15.27%

부록 표-32. 1478 iShares MSCI Japan High Dividend ETF TOP 10 종목

종목명	티커	구성 비중
소프트뱅크	9434	5.02%
닌텐도	7974	4.97%
재팬토바코	2914	4.94%
캐논	7751	4.93%
KDDI	9433	4.90%
NTT	9432	4.88%
도쿄마린 홀딩스	8766	4.82%
미쓰이물산	8031	4.75%
혼다자동차	7267	4.72%
이토추상사	8001	4.56%
TOP 10 합계 비중		48.49%

부록 표-33. 2564 Global X MSCI SuperDividend Japan ETF
(고배당을 실시하는 25개 일본 기업)

주당 가격	2,562¥ (약 24,000원)	거래 단위	1주	시가총액	660억 ¥ (약 6036억 원)
기초 지수	MSCI Japan High Dividend Select 25 Index			상장일	2020-08-25
운용 보수	0.429%	배당률	4.10%	배당 주기	연 4회 (1월/4월/7월/10월)

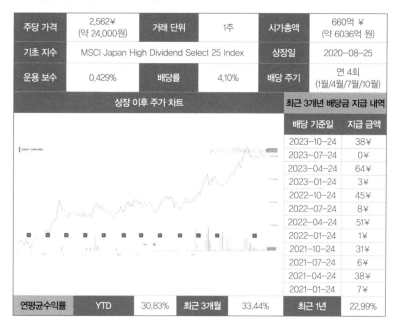

상장 이후 주가 차트			최근 3개년 배당금 지급 내역	
			배당 기준일	지급 금액
			2023-10-24	38¥
			2023-07-24	0¥
			2023-04-24	64¥
			2023-01-24	3¥
			2022-10-24	45¥
			2022-07-24	8¥
			2022-04-24	51¥
			2022-01-24	1¥
			2021-10-24	31¥
			2021-07-24	6¥
			2021-04-24	38¥
			2021-01-24	7¥

연평균수익률	YTD	30.83%	최근 3개월	33.44%	최근 1년	22.99%

부록 표-34. 2564 Global X MSCI SuperDividend Japan ETF TOP 10 종목

종목명	티커	구성 비중
가와사키기선	9107	5.43%
료산	8140	4.65%
이노 해운	9119	4.53%
야마토 공업	5444	4.45%
니테라	5334	4.40%
신와 해운회사	9110	4.36%
미쓰이 O.S.K. 라인스	9104	4.26%
오쿠무라	1833	4.26%
석유자원개발	1662	4.19%
엔와이케이라인	9101	4.18%
TOP 10 합계 비중		44.71%

부록 표-35. 1494 One ETF High Dividend Japan Equity ETF
(TOPIX 종목 중 10년 이상 배당 성장·유지 종목)

주당 가격	26,185¥ (약 240,000원)	거래 단위	1주	시가총액	286억 ¥ (약 2616억 원)
기초 지수	S&P/JPX Dividend Aristocrats Index			상장일	2017-05-22
운용 보수	0.308%	배당률	3.02%	배당 주기	연 2회(4월/10월)

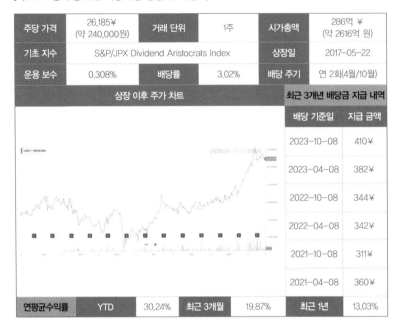

상장 이후 주가 차트	최근 3개년 배당금 지급 내역	
	배당 기준일	지급 금액
	2023-10-08	410¥
	2023-04-08	382¥
	2022-10-08	344¥
	2022-04-08	342¥
	2021-10-08	311¥
	2021-04-08	360¥

연평균수익률	YTD	30.24%	최근 3개월	19.87%	최근 1년	13.03%

부록 표-36. 1494 One ETF High Dividend Japan Equity ETF TOP 10 종목

종목명	티커	구성 비중
미쓰이금속	5706	3.26%
야마토 공업	5444	3.21%
ENEOS 홀딩스	5020	2.88%
토소	4042	2.83%
자프코	8595	2.78%
닛폰소다	4041	2.66%
산케쓰	8130	2.62%
인프로니어 홀딩스	5076	2.57%
ARE 홀딩스	5857	2.50%
전원개발주식회사	9513	2.47%
TOP 10 합계 비중		27.78%

부록 표-37. 2529 NEXT FUNDS Nomura Shareholder Yield 70 ETF
(일본 주주 환원 상위 70개 종목)

주당 가격	1,487¥ (약 14,000원)	거래 단위	1주	시가총액	241억 ¥ (약 2204억 원)
기초 지수	Nomura Shareholder Yield 70 Index			상장일	2019-04-18
운용 보수	0.308%	배당률	3.03%	배당 주기	연 4회 (1월/4월/7월/10월)

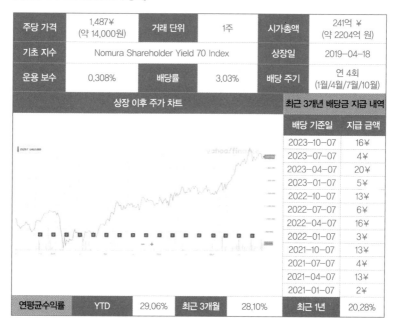

상장 이후 주가 차트	최근 3개년 배당금 지급 내역	
	배당 기준일	지급 금액
	2023-10-07	16¥
	2023-07-07	4¥
	2023-04-07	20¥
	2023-01-07	5¥
	2022-10-07	13¥
	2022-07-07	6¥
	2022-04-07	16¥
	2022-01-07	3¥
	2021-10-07	13¥
	2021-07-07	4¥
	2021-04-07	13¥
	2021-01-07	2¥

연평균수익률	YTD	29.06%	최근 3개월	28.10%	최근 1년	20.28%

부록 표-38. 2529 NEXT FUNDS Nomura Shareholder Yield 70 ETF TOP 10 종목

종목명	티커	구성 비중
어드반테스트	6857	3.41%
미쓰비시상사	8058	2.48%
가와사키기선	9107	2.35%
국제석유개발제석	1605	2.31%
혼다자동차	7267	2.30%
재팬토바코	2914	2.20%
미쓰비시 케미컬 그룹	4188	2.18%
스미토모상사	8053	2.18%
미쓰이물산	8031	2.16%
다이와 하우스 공업	1925	2.13%
TOP 10 합계 비중		23.70%

▎부록 표-39. 2510 NEXT FUNDS Japan Bond NOMURA-BPI ETF(일본 채권)

주당 가격	934.40¥ (약 8,600원)	거래 단위	10주	시가총액	1317억 ¥ (약 1조 2043억 원)
기초 지수	NOMURA-BPI Series Total Index			상장일	2017-12-07
운용 보수	0.077%	배당률	0.61%	배당 주기	연 2회(3월/9월)

상장 이후 주가 차트	최근 3개년 배당금 지급 내역	
	배당 기준일	지급 금액
	2023-09-07	3.00¥
	2023-03-07	2.70¥
	2022-09-07	2.60¥
	2022-03-07	2.60¥
	2021-09-07	2.20¥
	2021-03-07	1.60¥

연평균수익률	YTD	0.69%	최근 3년	-1.74%	최근 5년	-0.84%

▎부록 표-40. 2561 iShares Core Japan Government Bond ETF(일본 국채)

주당 가격	2,475¥ (약 23,000원)	거래 단위	1주	시가총액	631억 ¥ (약 5770억 원)
기초 지수	FTSE Japanese Government Bond Index			상장일	2020-02-25
운용 보수	0.066%	배당률	0.81%	배당 주기	연 4회 (1월/4월/7월/10월)

상장 이후 주가 차트	최근 3개년 배당금 지급 내역	
	배당 기준일	지급 금액
	2023-10-11	
	2023-07-11	5¥
	2023-04-11	4¥
	2023-01-11	6¥
	2022-10-11	5¥
	2022-07-11	5¥
	2022-04-11	13¥
	2022-01-11	5¥
	2021-10-11	5¥
	2021-07-11	4¥
	2021-04-11	6¥
	2021-01-11	5¥

연평균수익률	YTD	0.97%	최근 1년	0.16%	최근 3년	-2.47%

글로벌 시장에 투자하는 주식 & 채권 ETF

❙ 부록 표-41. 2514 NEXT FUNDS International Equity MSCI-KOKUSAI Yen-Hedged ETF

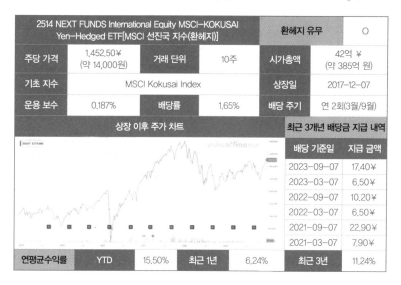

2514 NEXT FUNDS International Equity MSCI-KOKUSAI Yen-Hedged ETF[MSCI 선진국 지수(환헤지)]				환헤지 유무	O
주당 가격	1,452.50¥ (약 14,000원)	거래 단위	10주	시가총액	42억 ¥ (약 385억 원)
기초 지수	MSCI Kokusai Index			상장일	2017-12-07
운용 보수	0.187%	배당률	1.65%	배당 주기	연 2회(3월/9월)

상장 이후 주가 차트	최근 3개년 배당금 지급 내역	
	배당 기준일	지급 금액
	2023-09-07	17.40¥
	2023-03-07	6.50¥
	2022-09-07	10.20¥
	2022-03-07	6.50¥
	2021-09-07	22.90¥
	2021-03-07	7.90¥

연평균수익률	YTD	15.50%	최근 1년	6.24%	최근 3년	11.24%

❙ 부록 표-42. 2514 NEXT FUNDS International Equity MSCI-KOKUSAI Yen-Hedged ETF TOP 10 종목

종목명	티커	구성 비중
애플	AAPL	5.24%
마이크로소프트	MSFT	4.71%
아마존	AMZN	2.38%
엔비디아	NVDA	2.09%
알파벳A	GOOGL	1.41%
메타	META	1.29%
알파벳C	GOOG	1.27%
테슬라	TSLA	1.23%
유나이티드헬스	UNH	0.88%
일라이 릴리	LLY	0.84%
TOP 10 합계 비중		21.34%

2513 NEXT FUNDS International Equity MSCI–KOKUSAI Unhedged ETF(MSCI 선진국 지수)			환헤지 유무	X
주당 가격	2,046¥ (약 19,000원)	거래 단위	10주	시가총액	426억 ¥ (약 3896억 원)
기초 지수	MSCI Daily KOKUSAI (World ex–JPY) Index		상장일	2017–12–07
운용 보수	0.187%	배당률	1.41%	배당 주기	연 2회(3월/9월)

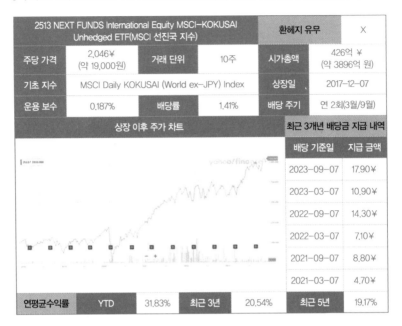

상장 이후 주가 차트		최근 3개년 배당금 지급 내역	
		배당 기준일	지급 금액
		2023–09–07	17.90¥
		2023–03–07	10.90¥
		2022–09–07	14.30¥
		2022–03–07	7.10¥
		2021–09–07	8.80¥
		2021–03–07	4.70¥

연평균수익률	YTD	31.83%	최근 3년	20.54%	최근 5년	19.17%

종목명	티커	구성 비중
애플	AAPL	5.44%
마이크로소프트	MSFT	4.88%
아마존	AMZN	2.47%
엔비디아	NVDA	2.17%
알파벳A	GOOGL	1.46%
메타	META	1.34%
알파벳C	GOOG	1.32%
테슬라	TSLA	1.27%
유나이티드헬스	UNH	0.91%
일라이 릴리	LLY	0.87%
TOP 10 합계 비중		22.13%

| 부록 표-45. 2859 NEXT FUNDS EURO STOXX 50 (Yen-Hedged) ETF (유로스톡스 50 지수)

2859 NEXT FUNDS EURO STOXX 50 (Yen-Hedged) ETF (유로스톡스 50 지수)				환헤지 유무	O	
주당 가격	2,422¥ (약 23,000원)	거래 단위	10주	시가총액	12억 ¥ (약 110억 원)	
기초 지수	Euro Stoxx 50 Index			상장일	2022-08-31	
운용 보수	0.198%	배당률	2.32%	배당 주기	연 2회(6월/12월)	
상장 이후 주가 차트				최근 3개년 배당금 지급 내역		
				배당 기준일	지급 금액	
				2023-12-08	10.20¥	
				2023-06-08	46.10¥	
				2022-12-08	4.60¥	
연평균수익률	YTD	17.40%	최근 3개월	6.33%	최근 1년	14.76%

| 부록 표-46. 2859 NEXT FUNDS EURO STOXX 50 (Yen-Hedged) ETF TOP 10 종목

종목명	티커	구성 비중
ASML	ASML	7.42%
LVMH	MC	5.23%
토탈에너지스	TTE	4.51%
SAP	SAP	4.33%
지멘스	SIE	3.35%
로레알	OR	3.07%
사노피	SAN	2.85%
슈나이더 일렉트릭	SU	2.80%
알리안츠	ALV	2.73%
에어리퀴드	AI	2.66%
TOP 10 합계 비중		38.95%

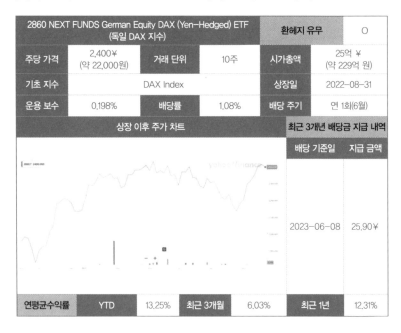

2860 NEXT FUNDS German Equity DAX (Yen-Hedged) ETF (독일 DAX 지수)				환헤지 유무	O
주당 가격	2,400¥ (약 22,000원)	거래 단위	10주	시가총액	25억 ¥ (약 229억 원)
기초 지수	DAX Index			상장일	2022-08-31
운용 보수	0.198%	배당률	1.08%	배당 주기	연 1회(6월)
상장 이후 주가 차트				최근 3개년 배당금 지급 내역	
				배당 기준일	지급 금액
				2023-06-08	25.90¥
연평균수익률	YTD	13.25%	최근 3개월	6.03%	최근 1년	12.31%

▍부록 표-48. 2860 NEXT FUNDS German Equity DAX (Yen-Hedged) ETF TOP 10 종목

종목명	티커	구성 비중
SAP	SAP	10.01%
지멘스	SIE	8.95%
알리안츠	ALV	7.22%
에어버스	AIR	6.28%
도이치 텔레콤	DTE	6.00%
뮌헨레그룹	MUV2	4.16%
메르세데스 벤츠그룹	MBG	3.68%
인피니온	IFX	3.68%
DHL	DHL	3.15%
바스프	BAS	3.04%
TOP 10 합계 비중		56.17%

부록 표-49. 2515 NEXT FUNDS International REIT S&P Developed REIT Index (ex Japan Unhedged) ETF

2515 NEXT FUNDS International REIT S&P Developed REIT Index (ex Japan Unhedged) ETF(글로벌 리츠)				환헤지 유무		X
주당 가격	1,273.50¥ (약 12,000원)	거래 단위	10주	시가총액		206억 ¥ (약 1884억 원)
기초 지수	S&P Developed ex Japan REIT Index			상장일		2017-12-07
운용 보수	0.187%	배당률	3.35%	배당 주기		연 4회 (3월/6월/9월/12월)

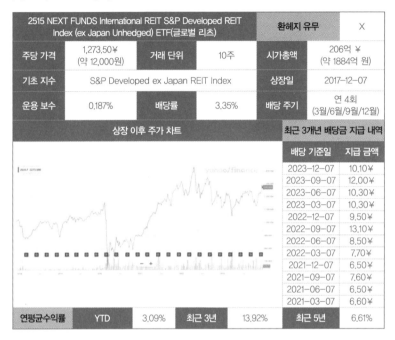

상장 이후 주가 차트	최근 3개년 배당금 지급 내역	
	배당 기준일	지급 금액
	2023-12-07	10.10¥
	2023-09-07	12.00¥
	2023-06-07	10.30¥
	2023-03-07	10.30¥
	2022-12-07	9.50¥
	2022-09-07	13.10¥
	2022-06-07	8.50¥
	2022-03-07	7.70¥
	2021-12-07	6.50¥
	2021-09-07	7.60¥
	2021-06-07	6.50¥
	2021-03-07	6.60¥

연평균수익률	YTD	3.09%	최근 3년	13.92%	최근 5년	6.61%

부록 표-50. 2515 NEXT FUNDS International REIT S&P Developed REIT Index (ex Japan Unhedged) ETF TOP 10 종목

종목명	티커	구성 비중
프로로지스	PLD	8.22%
이퀴닉스	EQIX	5.96%
웰타워	WELL	3.85%
디지털 리얼티 트러스트	DLR	3.30%
퍼블릭 스토리지	PSA	3.22%
사이먼 프로퍼티 그룹	SPG	3.16%
리얼티인컴	O	3.00%
VICI 프라퍼티	VICI	2.37%
엑스트라 스페이스 스토리지	EXR	2.16%
굿맨그룹	GMG.AX	2.09%
TOP 10 합계 비중		37.33%

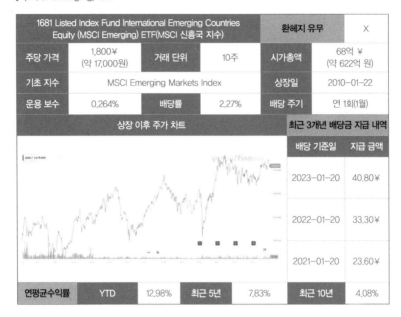

1681 Listed Index Fund International Emerging Countries Equity (MSCI Emerging) ETF(MSCI 신흥국 지수)				환헤지 유무		X
주당 가격	1,800¥ (약 17,000원)	거래 단위	10주	시가총액		68억 ¥ (약 622억 원)
기초 지수	MSCI Emerging Markets Index			상장일		2010-01-22
운용 보수	0.264%	배당률	2.27%	배당 주기		연 1회(1월)
상장 이후 주가 차트				최근 3개년 배당금 지급 내역		
				배당 기준일		지급 금액
				2023-01-20		40.80¥
				2022-01-20		33.30¥
				2021-01-20		23.60¥
연평균수익률	YTD	12.98%	최근 5년	7.83%	최근 10년	4.08%

부록 표-52. 1681 Listed Index Fund International Emerging Countries Equity (MSCI Emerging) ETF TOP 10 종목

종목명	티커	구성 비중
TSMC	2330.TW	6.37%
텐센트	00700.HK	3.81%
삼성전자	005930.KS	3.79%
알리바바	9988.HK	2.16%
릴라이언스 인더스트리	RELIANCE.NS	1.25%
핀둬둬	PDD	1.18%
메이투안	3690.HK	0.83%
인포시스	INFY.NS	0.83%
ICICI 은행	ICICIBANK.NS	0.83%
SK하이닉스	000660.KS	0.78%
TOP 10 합계 비중		21.83%

▌부록 표-53. 1322 Nikko Listed Index Fund China A Share CSI300 ETF

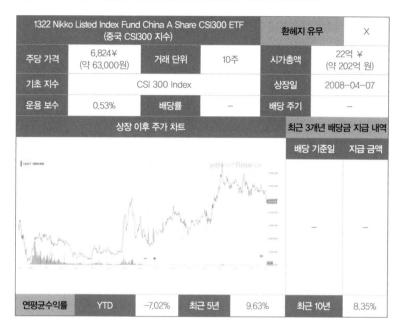

1322 Nikko Listed Index Fund China A Share CSI300 ETF (중국 CSI300 지수)				환헤지 유무	X
주당 가격	6,824¥ (약 63,000원)	거래 단위	10주	시가총액	22억 ¥ (약 202억 원)
기초 지수	CSI 300 Index			상장일	2008-04-07
운용 보수	0.53%	배당률	–	배당 주기	

상장 이후 주가 차트				최근 3개년 배당금 지급 내역	
				배당 기준일	지급 금액
				–	–

연평균수익률	YTD	-7.02%	최근 5년	9.63%	최근 10년	8.35%

▌부록 표-54. 1322 Nikko Listed Index Fund China A Share CSI300 ETF TOP 10 종목

종목명	티커	구성 비중
귀주모태주	600519	6.18%
중국평안보험	601318	2.80%
CATL	300750	2.74%
초상은행	600036	2.16%
오량액	000858	1.73%
메이디그룹	000333	1.48%
BYD	002594	1.26%
장강전력	600900	1.25%
흥업은행	601166	1.24%
항서의약	600276	1.22%
TOP 10 합계 비중		22.06%

▌부록 표-55. 1309 Nomura SSE50 ETF

1309 Nomura SSE50 ETF(중국 과창판 STAR 50 지수)				환헤지 유무		X
주당 가격	35,430¥ (약 330,000원)	거래 단위	10주	시가총액		26억 ¥ (약 238억 원)
기초 지수	Shanghai Stock Exchange SSE 50 A Share Index			상장일		2007-10-22
운용 보수	0.93%	배당률	–	배당 주기		–

상장 이후 주가 차트				최근 3개년 배당금 지급 내역	
				배당 기준일	지급 금액
				–	–
연평균수익률	YTD	−7.97%	최근 5년	6.59%	최근 10년 6.86%

▌부록 표-56. 1309 Nomura SSE50 ETF TOP 10 종목

종목명	티커	구성 비중
중신 국제집성전로제조	688981	10.11%
베이징 킹소프트 오피스 소프트웨어	688111	6.79%
해광신식	688041	6.51%
중미반도체	688012	6.18%
상해 유나이티드 이미징	688271	5.22%
몬타지 테크놀로지	688008	5.05%
선전 트랜션 홀딩스	688036	3.75%
캄브리콘 테크놀로지	688256	2.83%
내셔널 실리콘 인더스트리그룹	688126	2.63%
트리나 솔라	688599	2.54%
TOP 10 합계 비중		51.61%

┃ 부록 표-57. 2254 Global X China Electric Vehicle and Battery ETF

2254 Global X China Electric Vehicle and Battery ETF (중국 전기차 & 2차 전지 배터리)				환헤지 유무	X
주당 가격	748¥ (약 6,900원)	거래 단위	1주	시가총액	3억 ¥ (약 28억 원)
기초 지수	Solactive China Electric Vehicle and Battery Index			상장일	2023-07-11
운용 보수	0.705%	배당률	–	배당 주기	–

상장 이후 주가 차트			최근 3개년 배당금 지급 내역	
			배당 기준일	지급 금액
			–	–

연평균수익률	YTD	-7.97%	최근 5년	6.59%	최근 10년	6.86%

┃ 부록 표-58. 2254 Global X China Electric Vehicle and Battery ETF TOP 10 종목

종목명	티커	구성 비중
BYD	002594	9.90%
CATL	300750	9.32%
회천기술	300124	7.50%
복요유리	600660	4.63%
삼화	002050	4.21%
강봉리튬	002460	3.55%
이브에너지	300014	3.32%
천제리튬	002466	2.87%
천사첨단신소재	002709	2.81%
탁보그룹	601689	2.66%
TOP 10 합계 비중		50.77%

| 부록 표-59. 1678 NEXT FUNDS Nifty 50 Linked ETF

1678 NEXT FUNDS Nifty 50 Linked ETF (인도 Nifty 50 지수)				환헤지 유무	X
주당 가격	325.10¥ (약 3,000원)	거래 단위	10주	시가총액	424억 ¥ (약 3878억 원)
기초 지수	NSE Nifty 50 Index			상장일	2009-11-24
운용 보수	1.045%	배당률	–	배당 주기	–

상장 이후 주가 차트				최근 3개년 배당금 지급 내역	
				배당 기준일	지급 금액
				–	–

| 연평균수익률 | YTD | 23.89% | 최근 5년 | 16.42% | 최근 10년 | 12.97% |

| 부록 표-60. 1678 NEXT FUNDS Nifty 50 Linked ETF TOP 10 종목

종목명	티커	구성 비중
HDFC 은행	HDFCB	12.24%
릴라이언스 인더스트리	RELIANCE	8.47%
ICICI 은행	ICICIBC	6.97%
인포시스	INFO	5.43%
라센앤토브로	LT	4.09%
ITC	ITC	3.94%
타타 컨설턴시 서비스	TCS	3.83%
Axis 은행	AXSB	3.01%
Kotak Mahindra 은행	KMB	2.66%
인디아 스테이트 은행	SBIN	2.42%
TOP 10 합계 비중		53.06%

부록 표-61. 2512 NEXT FUNDS International Bond Citi World Government Bond Index (ex Japan Yen-Hedged) ETF

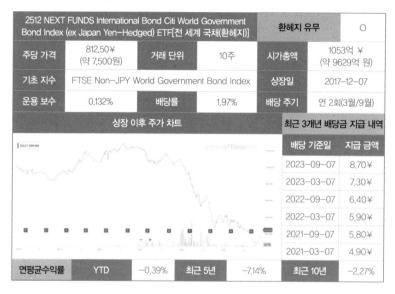

2512 NEXT FUNDS International Bond Citi World Government Bond Index (ex Japan Yen-Hedged) ETF[전 세계 국채(환헤지)]				환헤지 유무	O
주당 가격	812.50¥ (약 7,500원)	거래 단위	10주	시가총액	1053억 ¥ (약 9629억 원)
기초 지수	FTSE Non-JPY World Government Bond Index			상장일	2017-12-07
운용 보수	0.132%	배당률	1.97%	배당 주기	연 2회(3월/9월)
상장 이후 주가 차트				최근 3개년 배당금 지급 내역	
				배당 기준일	지급 금액
				2023-09-07	8.70¥
				2023-03-07	7.30¥
				2022-09-07	6.40¥
				2022-03-07	5.90¥
				2021-09-07	5.80¥
				2021-03-07	4.90¥
연평균수익률	YTD	-0.39%	최근 5년	-7.14%	최근 10년	-2.27%

부록 표-62. 2511 NEXT FUNDS International Bond Citi World Government Bond Index (ex Japan Unhedged) ETF

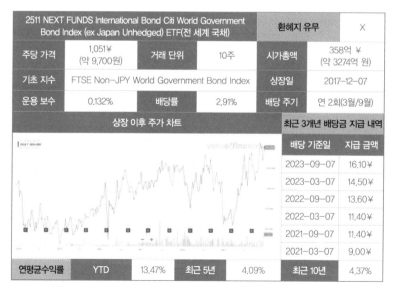

2511 NEXT FUNDS International Bond Citi World Government Bond Index (ex Japan Unhedged) ETF(전 세계 국채)				환헤지 유무	X
주당 가격	1,051¥ (약 9,700원)	거래 단위	10주	시가총액	358억 ¥ (약 3274억 원)
기초 지수	FTSE Non-JPY World Government Bond Index			상장일	2017-12-07
운용 보수	0.132%	배당률	2.91%	배당 주기	연 2회(3월/9월)
상장 이후 주가 차트				최근 3개년 배당금 지급 내역	
				배당 기준일	지급 금액
				2023-09-07	16.10¥
				2023-03-07	14.50¥
				2022-09-07	13.60¥
				2022-03-07	11.40¥
				2021-09-07	11.40¥
				2021-03-07	9.00¥
연평균수익률	YTD	13.47%	최근 5년	4.09%	최근 10년	4.37%

▌ 부록 표-63. 2857 iShares Germany Government Bond JPY Hedged ETF

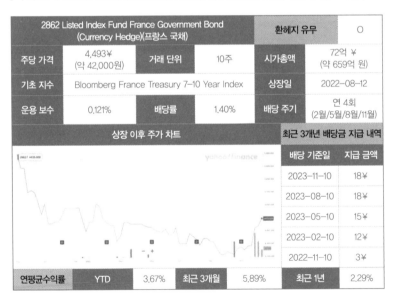

2857 iShares Germany Government Bond JPY Hedged ETF(독일 국채)				환헤지 유무		O
주당 가격	722¥ (약 6,600원)	거래 단위	10주	시가총액		106억 ¥ (약 970억 원)
기초 지수	FTSE German Government Bond Index			상장일		2022-07-26
운용 보수	0.132%	배당률	1.57%	배당 주기		연 4회 (1월/4월/7월/10월)
상장 이후 주가 차트				최근 3개년 배당금 지급 내역		
					배당 기준일	지급 금액
					2023-10-11	3.30¥
					2023-07-11	1.30¥
					2023-04-11	4.70¥
					2023-01-11	2.00¥
					2022-10-11	0.90¥
연평균수익률	YTD	1.54%	최근 3개월	4.81%	최근 1년	-0.09%

▌ 부록 표-64. 2862 Listed Index Fund France Government Bond (Currency Hedge)

2862 Listed Index Fund France Government Bond (Currency Hedge)(프랑스 국채)				환헤지 유무		O
주당 가격	4,493¥ (약 42,000원)	거래 단위	10주	시가총액		72억 ¥ (약 659억 원)
기초 지수	Bloomberg France Treasury 7-10 Year Index			상장일		2022-08-12
운용 보수	0.121%	배당률	1.40%	배당 주기		연 4회 (2월/5월/8월/11월)
상장 이후 주가 차트				최근 3개년 배당금 지급 내역		
					배당 기준일	지급 금액
					2023-11-10	18¥
					2023-08-10	18¥
					2023-05-10	15¥
					2023-02-10	12¥
					2022-11-10	3¥
연평균수익률	YTD	3.67%	최근 3개월	5.89%	최근 1년	2.29%

▎부록 표-65. 2622 iShares USD Emerging Markets Bond JPY Hedged ETF

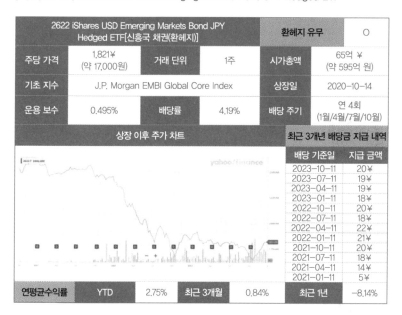

2622 iShares USD Emerging Markets Bond JPY Hedged ETF[신흥국 채권(환헤지)]			환헤지 유무	O
주당 가격	1,821¥ (약 17,000원)	거래 단위	1주	시가총액	65억 ¥ (약 595억 원)
기초 지수	J.P. Morgan EMBI Global Core Index		상장일	2020-10-14
운용 보수	0.495%	배당률	4.19%	배당 주기	연 4회 (1월/4월/7월/10월)

상장 이후 주가 차트			최근 3개년 배당금 지급 내역	
			배당 기준일	지급 금액
			2023-10-11	20¥
			2023-07-11	19¥
			2023-04-11	19¥
			2023-01-11	18¥
			2022-10-11	20¥
			2022-07-11	18¥
			2022-04-11	22¥
			2022-01-11	21¥
			2021-10-11	20¥
			2021-07-11	18¥
			2021-04-11	14¥
			2021-01-11	5¥
연평균수익률	YTD	2.75%	최근 3개월	0.84%	최근 1년	-8.14%

▎부록 표-66. 1566 Nikko Listed Index Fund Emerging Bond ETF

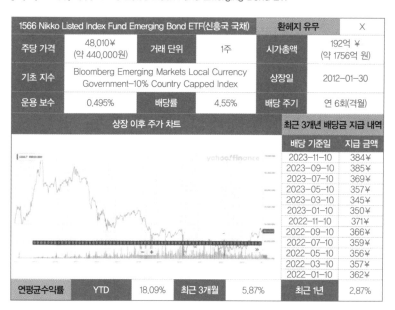

1566 Nikko Listed Index Fund Emerging Bond ETF(신흥국 국채)			환헤지 유무	X
주당 가격	48,010¥ (약 440,000원)	거래 단위	1주	시가총액	192억 ¥ (약 1756억 원)
기초 지수	Bloomberg Emerging Markets Local Currency Government-10% Country Capped Index		상장일	2012-01-30
운용 보수	0.495%	배당률	4.55%	배당 주기	연 6회(격월)

상장 이후 주가 차트			최근 3개년 배당금 지급 내역	
			배당 기준일	지급 금액
			2023-11-10	384¥
			2023-09-10	385¥
			2023-07-10	369¥
			2023-05-10	357¥
			2023-03-10	345¥
			2023-01-10	350¥
			2022-11-10	371¥
			2022-09-10	366¥
			2022-07-10	359¥
			2022-05-10	356¥
			2022-03-10	357¥
			2022-01-10	362¥
연평균수익률	YTD	18.09%	최근 3개월	5.87%	최근 1년	2.87%

초수익 성장주 투자

마크 미너비니 지음 | 김태훈 옮김 | 김대현 감수 | 400쪽 | 25,000원

'투자의 신'이라 불리는 마크 미너비니의 국내 첫 번역본이다. 마크 미너비니가 말하는 성장주는 재무제표 면에서 확실하게 성장하는 종목이다. 초수익은 운으로 만들어지지 않는다. 마크 미너비니가 공유한 투자법을 통해 모두 차세대 애플, 구글, 스타벅스를 찾길 바란다.

초수익 모멘텀 투자

마크 미너비니 지음 | 송미리 옮김 | 380쪽 | 24,500원

독자들에 질문에 네 명의 위대한 트레이더가 라운드 테이블에 둘러앉아 대답하는 형식을 취한다. 누군가는 이들의 답변을 통해 본인의 투자가 망하는 이유를 발견할 것이고, 또 누군가는 더 좋은 성과를 위한, 시장을 이긴 위대한 트레이더들의 비밀을 발견할 수 있을 것이다.

기업분석 처음공부

체리형부 지음 | 296쪽 | 21,000원

이 책은 초보자의 시선으로 기업분석의 단계들을 차근차근 밟아나가며, 투자자로 하여금 '잃지 않는 투자'를 하게 하는 데 목적이 있다. 28년간 정량적 분석과 재무제표 분석의 틀을 마련하며 이 분야에서 실력자로 자리매김한 체리형부 저자 역시 한때 IMF와 금융위기를 경험하며 기업분석의 필요성을 절실하게 느낀 바 있다. 그런 그의 경험과 당시의 심정 그리고 그에 따른 절박함이 이 책에 고스란히 담겨 있다.

돌파매매 전략

systrader79, 김대현(Nicholas Davars) 지음 | 292쪽 | 25,000원

니콜라스 다바스, 윌리엄 오닐, 마크 미너비니, 데이비드 라이언, 댄 쟁거 등 전설적인 트레이더들이 공통적으로 사용한 전략인 돌파매매 기법을 다룬 책이다. 돌파매매의 핵심 원리, 셋업, 매물대와 차트 패턴 분석, 종목 선정, 진입 시점, 손절매, 수익 쿠션 확보, 자금 관리 등 돌파매매에 필요한 기초 이론부터 실전 투자에 도움 되는 예시까지 상세하게 다루고 있다.

차트박사의 승률 80% 신 매매기법

성경호 지음 | 352쪽 | 35,000원

2005년 키움닷컴증권 주식영웅전 실전수익률게임 전체 1위 우승, 2006년 키움닷컴증권과 팍스넷 공동주최 실전수익률게임 주식제왕전 수익금 1위 우승에 빛나는 저자의 매매기법을 담은 책이다. 이 책은 저자가 7년간 주식투자를 하면서 실패를 거듭한 끝에 발견한 노하우와 신매매 기법들을 다루고 있다.

거래량으로 투자하라

버프 도르마이어 지음 | 신가을 옮김 | 408쪽 | 22,000원

버프 도르마이어의 혁신적인 연구 결과의 산물이다. 거래량을 통해 주가를 확인하고 해석하며, 선행하는 방식을 알려준다. 또한 투자자의 심리가 한순간에 돌변하는 것을 미리 식별할 수 있다고 말한다. 그는 수많은 전통적인 거래량 지표를 살펴보고, 자신만의 획기적인 접근법들을 이 책에 소개한다.

시장의 마법사들

잭 슈웨거 지음 / 임기홍 옮김 / 598쪽 / 26,000원

세계 최고의 트레이더 17인의 인터뷰집이다. 성공한 트레이더는 시장에서 어떤 방법을 사용하였는지, 어떻게 항상 시장에서 높은 수익을 올릴 수 있었는지, 어떤 매매원칙을 고수하였는지, 초기 매매경험은 어떠했는지, 다른 트레이더들에게 어떤 조언을 해주고 싶었는지를 밝힌다.

실전투자의 비밀

김형준 지음 / 344쪽 / 22,000원

약 10만 명의 구독자를 보유한 '보컬경제TV'의 저자의 개정판이다. 장세에 흔들리지 않으며 지속적으로 수익을 낼 수 있는 저자만의 독창적인 시장관과 실전수익률대회 우승에 실제 사용했던 매매 기법을 이 책에 자세히 소개했다. 특히 개정판에서는 새롭게 정리한 13가지 매매 기법을 볼 수 있다.

실전 매수매도 기법

김영옥 지음 / 376쪽 / 27,000원

이 책의 저자 데이짱은 25년간 전업투자자로 활동하며 단기 매매, 공매도로 큰 수익을 얻고, 본인의 수익 계좌를 공개하며 진짜 고수임을 인증하였다. 이 책에서는 매수와 매도 두 관점에서 데이짱이 시장에서 살아남을 수 있었던 기법을 소개하며, 매수매도 기법으로 압축하여 다룬다.

채권투자 처음공부

포프리라이프(석동민) 지음 / 300쪽 / 21,000원

막 채권에 입문했거나 입문하고 싶어 하는 개인투자자를 위해 쓰인 채권 책이다. 개인투자자가 쓴 개인투자자를 위한 입문서라는 점에서도 특별하다. 수많은 경제 변수에 따라 큰 위험이 동반하는 투자 수단들과 달리 채권투자는 배우기만 하면 누구나 쉽고 안전하게 효율적인 수익률을 거머쥘 수 있다.

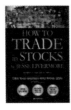

제시 리버모어의 주식투자 바이블

제시 리버모어 지음 / 이은주 옮김 / 340쪽 / 17,500원

이 책은 제시 리버모어 최고의 권위자라고 할 수 있는 리처드 스미튼이 현대에 맞게 그의 투자 철학과 기법을 재해석하고 있다. 리처드 스미튼은 개인 문서와 가족들로부터 입수한 자료를 통해 리버모어의 주식 매매기법에 관한 귀중한 자료를 제공함과 동시에 이러한 정보를 이용해 현대의 기술적 투자 기법에 접목하는 방법을 제시하고자 했다.

볼린저 밴드 투자기법

존 볼린저 지음 / 신가을 옮김 / 김정환 감수 / 352쪽 / 25,000원

'볼린저 밴드'의 창시자 존 볼린저가 직접 저술한 원작을 완역하여 펴낸 책이다. 볼린저 밴드를 알고자 하는 투자자라면 원작자의 볼린저 밴드 개념 아이너어 부디 능률을 높이기 위한 최적의 설정 방법, 원작자로부터 지표 선택 방법을 직접 들을 수 있다.

심리투자 법칙

알렉산더 엘더 지음 / 신가을 옮김 / 588쪽 / 27,000원

아마존에서 20여 년 넘게 장기 베스트셀러의 자리를 지키고 있는 『심리투자 법칙』이 21년 만에 개정판으로 출간됐다. 이번 전면 개정판은 주가 분석, 트레이딩 계획 수립, 자신의 트레이딩 역량 평가에 대한 새로운 해법을 제시한다. 또한 최신 차트로 모두 변경했고, 규칙과 기법에 관한 명쾌한 해설 역시 첨부했다.

주식 매매하는 법

제시 리버모어 지음 / 박성환 옮김 / 308쪽 / 17,000원

월스트리트 역사상 가장 위대한 투자자로 알려진 제시 리버모어의 원전을 그대로 완역하였다. 여기에 제시 리버모어의 비밀 노트까지 담겨 있어 생생한 그의 트레이딩을 엿볼 수 있다. 이 책을 통해 박성환 씨는 국내 최초로 『How to Trade in Stocks』를 번역하고 풍부한 해설을 덧붙여 제시 리버모어라는 전설적 투자자를 소개하고 알렸다.

채권투자 핵심 노하우

마경환 지음 / 384쪽 / 22,000원

이 책의 저자 마경환은 이 책의 초판 당시 프랭클린템플턴 리테일 총괄 본부장을 역임하면서 수십조 원의 자금을 주무른 바 있다. 그는 총 28년의 투자 인생 중 20년간 해외자산 투자전략 및 투자상품 업무를 했다. 현재도 GB 투자자문 대표를 역임하면서 여전히 많은 자금을 운용하고 있으며, 이 책에 그의 자산운용 실무 투자 노하우가 담겨 있음은 물론이다.

차트 패턴

토마스 불코우스키 지음 / 조윤정 옮김 / 420쪽 / 24,000원

저자는 25년 동안 주식을 매매하며 실제 자신이 분석한 차트 패턴으로 놀라운 수익을 거두었다. 게으른 사람은 흉내도 못 낼 성실함과 믿기지 않을 정도의 분석력으로 3만 8,500개 이상의 차트를 조사 및 연구했다. 이 책에서 그 패턴을 시뮬레이션하여 엄밀한 과학적 수치로 결과를 제시한다.

나는 엔화로
미국 시장에 투자한다

초판 1쇄 발행 2024년 02월 05일

지은이 부자소시민

펴낸곳 ㈜이레미디어
전화 031-908-8516(편집부), 031-919-8511(주문 및 관리)
팩스 0303-0515-8907
주소 경기도 파주시 문예로 21, 2층
홈페이지 www.iremedia.co.kr **이메일** mango@mangou.co.kr
등록 제396-2004-35호

편집 이병철, 주혜란 **디자인** 이선영
마케팅 김하경 **재무총괄** 이종미 **경영지원** 김지선

ISBN 979-11-93394-18-2 (03320)

* 가격은 뒤표지에 있습니다.
* 잘못된 책은 구입하신 서점에서 교환해드립니다.
* 이 책은 투자 참고용이며, 투자 손실에 대해서는 법적 책임을 지지 않습니다.

당신의 소중한 원고를 기다립니다.
mango@mangou.co.kr